선물

한 일상 행위의 인문학적 이해

선물

한 일상 행위의 인문학적 이해

초판 1쇄 인쇄 2017년 3월 15일
초판 1쇄 발행 2017년 3월 25일
–
지은이 조규형
펴낸이 이방원
편 집 윤원진·김명희·이윤석·안효희·강윤경·홍순용
디자인 손경화　**마케팅** 최성수
–
펴낸곳 세창출판사
신고번호 제300-1990-63호
주소 03735 서울시 서대문구 경기대로 88 냉천빌딩 4층
전화 02-723-8660　**팩스** 02-720-4579
이메일 edit@sechangpub.co.kr　**홈페이지** http://www.sechangpub.co.kr
–
ISBN 978-89-8411-673-3 03100

이 도서의 국립중앙도서관 출판시도서목록(CIP)은 서지정보유통지원시스템 홈페이지(http://seoji.nl.go.kr)와
국가자료공동목록시스템(http://www.nl.go.kr/kolisnet)에서 이용하실 수 있습니다.
(CIP제어번호: CIP2017006606)

_ 이 책은 박준구 기금의 저술 지원으로 출판되었습니다.

선
물

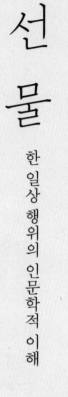
한 일상 행위의 인문학적 이해

조규형 지음

세창출판사

일상의 우리는 굳이 선물膳物이란 무엇인가를 묻기보다는, 선물로 무엇을 사야 할 것인가를 고심한다. '선물이란 무엇인가'라는 질문은 선물과 뇌물을 구별하는 것이 법적으로 매우 중요한 재판정에서나 제기될 뿐이기 때문이다. 형법이나 일명 '김영란 법'(부정청탁 및 금품 수수의 금지에 관한 법률)은 이러한 상황을 규율하는 대표적 예이다. 이런 까닭에 '선물'에 대한 법적 차원이 아닌 인문학적 차원의 성찰은 자못 '생뚱맞은' 것으로 보일 수 있다. 하지만 인문학적 탐구의 대상일 것 같지 않은 이 하나의 행위 또는 개념에 대한 궁구는 개인과 집단 그리고 세계 공동체가 엮이는 과정에서 당면해 온 문제를 매우 선명하게 보여 준다. 물론 선물에 대한 논의가 현 상황에 대한 어떤 명확한 진단과 대안을 제시하는 것은 아니다. 그러나 선물에 대해 따져 물어 가다 보면 오늘의 체제가 인류의 기나긴 역사 과정의 한 단계일 뿐이라는 겸손한 인식에 이르게 되고, 이에 따라 자기 시대에 대한 점검을 낳게 한다는 점에서, 이는 매우 '인문학적인' 주제이다.

조금 심각하게 생각하면 오늘날 선물은 모두 암묵적으로 일정한 기대와 거래를 염두에 두고 행해지는 만큼, 순수한 의미의 선물은 단지 개념으로만 존재한다고 할 수도 있다. 경제 논리의 공간에서 선물은 그 반대급부가 즉각적인 거래 또는 부정한 뇌물 차원으로 격하되면서, 진정한 의미의 선물은 실질적으로 사라진 것으로 보인다. 하지만 오히려 이러한 현실 상황을 선물 개념의 의미와 한계를 증명하는 현상으로 받아들일 필요 또한 있다. 개념에 부합하지 못하는 경험적 실제가 개념 자체를 점검토록 하는 계기가 될 수 있는 것이다. 선물 현상에 당면하여 인문학적 개념은 현실을 비판적으로 점검하는 한편, 현실 자체는 인문학적 개념을 재점검하는 선명한 지렛대이기에 충분하다.

선물에 대한 논의는 전혀 생뚱맞지 않고, 기나긴 학문적 역사와 함께 매우 다양하고 깊이 있는 논제를 축적해 왔다. 선물에 대한 오늘과 같은 논의의 기원 또는 획기적 전환은 프랑스의 사회인류학자 모스Marcel Mauss의 논문인 「선물론」(1925)에 의해 이루어졌다. 20세기 인류학적 고전의 첫머리에 있는 100여 페이지의 이 논문은 원초적인 사회에서의 다양한 선물 행위를 살피고 있다. 여기에서 그는 선물 교환이란 단순한 물건의 교환을 넘어 매우 두터운 의미의 교환이라는 점에 주목한다. 그의 연구는 원초적 사회를 단지 인류가 이제는 회복할 수 없는 순수성이자 이상향의 관점에서 그리고 있지는 않다. 모스는 이러한 사회에서도 반대급부를 기대하지 않는 선물 행위는 오늘의 우리에서와 같이 현실적으로는 존재하지 않으며, 선물은 보답해야 할 의무감을 부여한다는 것을 밝힌다. 이러한 관찰 가운데 모스가 특히 강조하는 것은 선물 자체보다는 선물의 교환 행위이다. 모스의 선물론은 인류사에서 교환이 이루어 내는 공동체 그리고 그 안의 개인적 주체 설정 과정과 그 의미에 관한 다양한 암시를 담고 있으며, 이런 점에서 오늘의 냉혹한 시장경제와 자본주의적 교환 체계가 인류사에서 유일한 것도 또 가장 바람직한 것도 아님을 역설한다. 하지만 모스의 논의의 이면에는, 원초적 사회의 선물 교환 역시 '순수한' 의미의 선물에서 수행되지 않는바 시장경제와 자본주의적 교환도 선물 교환의 전적인 반대 항이거나 이러한 체제가 선물이 전혀 성립할 수 없는 형식은 아니라는 지적 또한 담겨 있다.

　사소하게 여겨질 수 있는 선물 행위에 대한 탐문은 인문학적 사유의 한 예를 제공한다. 선물에 대한 진지한 논의는 묵시적으로 인본주의, 구조주의, 탈구조주의, 포스트모더니즘, 페미니즘, 탈식민주의 등 인간과 사회에 대한 고전적 사유와 오늘의 사유를 가로지르는 문제의식을 들추어낼 수 있다. 이들 사유의 추동력은 우리의 삶이 처한 조건에 대한 재점검과 함께 그 대안을 제시하고자 하는 노력에 있으며, 선물에 대한 성찰은 오늘의 인문학이 이러한 노력을 이어받고 있음을 보여 줄 수 있는 좋은 사례가 된다.

내게 책은 항상 선물로 다가왔다. 특히 좋은 책은 '벼락같은' 선물로 다가왔다. 커피 두세 잔 값으로 다가오는 몽테뉴와 페소아, 도스토옙스키와 마르케스, 박경리와 위화 등등은 나와 같은 불명 수취인의 수중에 들어온 커다란 선물이다. 이는 감히 이 졸고가 이들에 버금갈 수 있다는 괜한 표현은 아니며, 이들이 세상에 남긴 좋은 책은 우리에게 크나큰 선물이라는 사실을 환기시키는 역할을 한다면 충분하다. 마지막으로 이 작은 책의 완성은 고려대학교 문과대학 박준구 기금의 저술 지원이라는 큰 선물이 가능하게 하였다. 이 책에서 살핀 주제의 의미를 되새기게 한 이 선물에 대하여, 감사의 뜻을 여기에 담는다.

2017년 1월 조 규 형

I

선물의 안과 밖

선물을 주고받는 것이
심각한 생각의 대상이 된다?

박재삼의 「햇빛의 선물」

– 받는 이의 인정을 받지 못하는 선물

시방 여릿여릿한 햇빛이

골고루 은혜롭게

하늘에서 땅으로 내리고 있는데,

따져보면 세상에서 가장 빛나는

무궁무진한 값진 이 선물을

그대에게 드리고 싶은

마음은 절실하건만

내가 바치기 전에

그대는 벌써 그것을 받고 있는데

어쩔 수가 없구나

다만 그 좋은 것을 받고도

그저 그렇거니

잘 모르고 있으니

이 답답함을 어디 가서 말할 거나

　박재삼 시인의 시집 『해와 달의 궤적』(1990)에서 만날 수 있
는 「햇빛의 선물」이라는 시이다. 어둠을 밝히는 따스한 햇빛,
만물에 결실을 가져다주는 햇빛은 우리에게 조건 없이 베풀
어지는 무궁무진한 선물이다. 이렇게 좋은 것이기에 시인은
아마 사랑하는 그 누군가에게도 햇빛을 선물하고자 한다. 하
지만 그이 또한 이미 햇빛을 충분히 받고 있다. 다만 그이는
이러한 햇빛이 세상에서 가장 빛나는 선물임을 깨닫지 못할
것 같아 시인은 안타까워한다. 사실 그이는 우리 모두인지
모른다. 시인은 우리 모두가 햇빛이 얼마나 찬란한 선물인지
를 알지 못하고 지내는 것에 답답한 마음을 전하고 있다.

　시인의 안타까움은 상대가 햇빛을 받지 못하고 있다는 것
에서 연유하는 것이 아니라, 단지 이 사실을, 즉 햇빛이 선물
임을 깨닫지 못한다는 것에서 기인한다. 시인은 햇빛 자체가
주는 혜택만이 아니라 이를 선물로 인식하는 것의 중요성과
값어치를 말하고 있는 것이다. 이런 까닭에 시인은 우리가
무엇인가를 무관심하게 또 당연시 여기는 것에서 벗어나 이
를 의식하는 것에서 발생하는 가치에 대해 말하고 있다. 물

론, 햇빛 자체가 없다면 이러한 선물은 성립하지 않는다. 하지만 우리의 기쁨은 이러한 햇빛을 당연시하지 않고 선물로 여김으로써 배가된다고 할 수 있다. 이 시는 우리가 동일한 물리적 현상을 당연시 여기는 것과 선물로 여기는 것의 차이에서 커다란 행복과 가치가 산출된다는 것, 특히 우리가 수많은 혜택 혹은 현상들을 인식하지 못함으로써 우리의 기쁨을 놓치고 있다는 것을 알려 주고자 한다. 많은 사물과 현상은 우리에게 오는 선물이라는 것, 또한 이를 선물로 인식하는 것이 또 하나의 선물이라는 것이다. 반복하자면, 이 시는 햇빛 자체의 고마움을 넘어 그것을 선물로 인식하는 것의 행복을 말하고 있다.

시인이 주목하는 햇빛이라는 현상만이 선물은 아닐 것이다. 앞으로 이어질 논의는 이 '선물'이라는 현상 자체도 우리에게 큰 선물이 될 수 있음을 설명하고자 한다. 우리 일상에서 순수한 의미의 선물은 불현듯 우리에게 주어지는 것이다. 하지만 많은 경우 햇빛과도 같이 선물 또한 당연시되고, 일상화되었으며, 제도화되었다. 이제 우리도 시인처럼 선물이라는 현상을 의식적으로 들여다보면 이 현상 또는 개념 역시 무궁무진한 선물임을 인식하게 될 것이다.

오 헨리의 「크리스마스 선물」

– 주고받는 것 자체가 신성하다

어떤 날을 기념하는 선물에 관한 이야기로 잘 알려진 것으로는 「크리스마스 선물」이라는 단편을 들 수 있다. 단편인 만큼 줄거리는 간단하고, 그 간략함 속에 상당한 극적 반전을 담고 있다.

내일이 크리스마스인데 아내인 델라가 모은 돈은 세고 또 세어 보아도 1달러 87센트뿐이다. 남편인 짐의 수입은 주급으로 20달러에 지나지 않았고, 그 가운데 집세로 일주일에 8달러를 내야 하는 가난함 속에서 이 돈은 그녀가 아끼고 물건 값을 깎아 가며 악착같이 모은 것이었다. 그녀는 짐을 위해 선물을 마련하고 그에게 선물을 내민다는 것을 생각하면 흐뭇하기만 하다. 가난하지만 서로를 아끼는 이 두 사람에게 자랑거리가 두 가지 있었는데, 그것은 짐이 할아버지로부터 물려받은 금시계와 델라의 아름답고 긴 머리칼이었다. 하지만 델라는 과감히 자신의 머리칼을 잘라 팔고 20달러를 마련한다. 이제 그녀는 마치 짧은 머리의 초등학생이 된 듯했지만, 짐의 금시계에 걸맞은 시곗줄을 선물로 사게 되어 마냥 기쁘기만 했다. 이제까지 짐은 뭇사람들에게 그 값진 금시계를 자랑스럽게 드러내지 못했는데, 그것은 초라한 가죽 시곗줄 때문이었다. 항상 정시에 퇴근해 집에 들어오는 짐은 크리스마스 이브에도 역시 변함이 없었다. 하지만 델라를 본 짐의 표정과 눈빛은 예전과는 다를 수밖에 없었다. 짐은 자신이 아내를 위해 마련한 선물을 보여 주는데, 그것은 그녀의 아름다운 머리를 더욱 빛나게 해 줄 머리 장식이었다. 델라는 탄성을 자아내지 않을 수 없었고, 짐을 껴안으며 자신의 머리가 곧 자랄 것이라고 그를 위로한다. 그리고 이내 짐을 위해 자신이 어렵게 마련한 선물을 보여 준다. 하지만 짐은 델라에게 줄 선물을 사기 위해 자신의 시계를 팔았다고 고백하면서, 이 선물들이 당장 사용하기에는 너무나 값진 것이니 간직하는 것으로 하자는 위로의 말을 건넨다.

이야기는 다음과 같은 말과 함께 끝난다.

잘 알겠지만, 동방박사들은 구유의 아기 예수에게 선물을 가져온 현명한, 참으로 현명한 사람들이었다. 이들은 크리스마스 선물을 주는 방법을 창안했다. 현명했던 까닭에, 이들의 선물은 분명 현명한 것이었고, 아마도 이후 크리스마스 선물이 반복될 경우에도 서로 주고받는 일이 갖는 고귀함이 지속될 선물이었을 것이다. 그리고 나는 여기에서, 자신의 가난한 집에서 가장 귀한 보물을 상대방을 위해 가장 현명치 못하게 희생한 어리석기만 한 두 사람의 평범한 이야기를 어설프게 전했다. 하지만 이 시대의 현명한 사람들에게 마지막 한마디를 한다면, 그것은 선물을 준 모든 이들 가운데 이 두 사람이 가장 현명하다는 것이다. 아, 선물을 주고받는 모든 이들은, 이런 까닭에 모두 참으로 현명하다. 어느 곳에서건 그들은 참으로 현명하다. 그들이 바로 동방박사이다.[1]

오 헨리O. Henry의 잘 알려진 「마지막 잎새The Last Leaf」(1907) 등 다른 단편들에서와 같이 이 작품은 어려운 환경 속에서도 인간미를 잃지 않는 주인공들을 그리고 있다. 그리고 이러한 주제는 마지막의 극적 반전과 함께하면서 단편의 매력을 더하고 있다.

하지만 이 이야기의 말미로 다시 돌아온다면 약간의 설명이 더 필요하다. 이 단편의 원제는 「동방박사의 선물The Gift of the Magi」(1905)이지만, 우리에게는 이해하기 쉽도록 「크리스마스 선물」로 번역되어 알려져 있다. 동방박사Magi는 아기 예수의 탄생을 예견하고 이를 축복하기 위해 멀리에서 베들레헴의 구유로 찾아와 황금과 유향, 그리고 귀한 약재인 몰약을 선물한 현자들이었다. 예수의 탄생을 축하하기 위해 먼 길을 온 동방박사들에 관한 이야기는 크리스마스에 선물을 주는 전통의 시작이었다. 그것의 위대함은 이후 우리가 주고받는 크리스마스 선물에도 위대함을 부여했다는 데 있다. 그리고 그 위대함은 선물의 내용보다는 선물 교환 자체에 있고, 특히 그것은 상대방을 위해 자신을 (비록 현명하지 못한 결정이 될지라도) 희생하는 것에 있다고 말해진다. 그래서 선물을 주고받는 것은 참으로 현명한 일이고, 선물을 주고받는 사람은 모두 동방박사라는 것이다. 이 단편은 선물의 내용보다는 선물을 주고받는 것, 특히 어떤 것을 희생해 가면서 선물을 주고받는 것은 가장 현명하고 고귀한 행동일 수 있음을 말하고 있다. 앞의 시 「햇빛의 선물」이 우리 주변의 여러 현상과 사태를 선물로 인식하는 것 자체가 큰 선물임을 말하고 있다면, 오 헨리의 「크리스마스 선물」은 그 선물의 내용보다는 선물에 임하는 마음 특히 선물을 주고받는 행위 자체가 고귀한 것임을 말하고 있다.

에머슨의 선물에 대한 단상
– 순수한, 그래서 고귀한 선물, 그리고 부채의식

19세기 미국의 사상가 에머슨^{Ralph Waldo Emerson}의 「선물론 *Gifts*」(1844)은 네 페이지 분량에 지나지 않지만 우리가 선물에 대해 느끼는 복잡한 마음을 잘 읽어 내면서, 이에 따라 바람직한 선물의 모습을 제안한다.[2] 짧은 글이지만 그 내용이 갖는 시사점으로 인해 여기에 자세히 요약할 필요가 있다.

성탄절이나 새해 그리고 다른 기회에 선물을 주는 것은 관대한 행위이고 또 기쁜 일이다. 하지만 선물을 고르는 일은 별개이다. 누군가에게 선물을 해야 할 때가 오면 무엇을 할지 고민스러운 것이 사실이다. 꽃과 과일이 항상 적절한 이유는 이들의 아름다움이 실용성을 넘어서기 때문이다. 꽃은 마치 작업실 바깥으로 흘러나오는 음악처럼, 냉혹한 세계 속의 자연법칙을 잠시나마 멈추게 하는 사랑과 아름다움을 담은 여유로 느껴진다. 과일은 물건의 꽃이라 할 수 있고, 어떤 이가 먼 길을 마다 않고 들고 온 과일 선물은 그 수고에 대해 고마운 마음이 저절로 우러난다. 일반적으로 필요한 것을 선물하는 것도 적절하고 아름다운 일이다. 이러한 필요성의 기준 다음은 상대의 인품 및 인상과 쉽게 연관되는 것이라 할 수 있다. 반지나 귀금속은 진정한 의미의 선물이 아니라 선물의 대체물에 지나지 않는다. 진정한 선물은 선물을 주는 사람의 일부여야 한다. 그래서 시인은 시를, 목동은 자신의 양을, 농부는 옥수수를, 광부는 보석을, 화가는 그림을, 소녀는 스스로 짠 손수건을 가져온다. 이러한 선물 행위가 사회를 원래의 모습으로, 즉 선물에 본인의 인격이 실리고 재산이 소유자의 인격을 보여 주는 때로 돌아가게 한다. 이와 달리 상점에서 선물을 사는 것은 자신이 아니라 그것을 만든 이의 생명과 재능을 선물하는 것이어서 아무런 생기와 온기가 없는 거래에 불과하다.

다른 한편으로 선물이라는 혜택을 받는 일 또한 간단치 않은 문제이다. 선물을 받는 일은 결코 유쾌한 일만은 아님을 지적하지 않을 수 없다. 왜냐하면 인간은 자존감과 독립심을 갖고 있기 때문이다. 음식을 주는 손은 항상 물어뜯길 위험에 있다. 우리는 사랑의 손길은 기꺼이 받아들이지만 동정의 손길에 대해서는 그렇지 않다. 우리가 가끔 고기를 꺼리는 이유는 고기에 의존해 목숨을 유지한다는 것이 굴욕적일 수 있기 때문이다. 육식은 다른 것에 의존한 삶을 표현하는 것일 수 있다. 이런 의미에서 선물을 잘 받는 사람은 선한 사람이다. 선물을 받으면 기쁨과 미안함이라는 서로 어긋나는 감정이 겹친다. 선물을 받고서 마음이 아플 수 있는 것은 뭔가가 침해받았거나 손상되었다고 생각되기 때문이다. 이러한 아쉬움은 한편으로 선물이 나의 내면을 모르는 사람에게서 온 것이거나, 적절치 않아 생기거나, 다른 한편으로 선물이 나를 지나치게 즐겁게 하는 경우는 내 속마음이 그에게 들키고, 또한 사람이 아니라 선물 즉 그가 준 물건을 좋아한다는 부끄러움에 기인한다. 선물이란 주는 사람이 나에게로 흐르는 것이자 내가 그 사람에게로 흐르는 것이기도 하다. 이런 점에서 그 사람의 모든 것은 내 것이고, 내 모든 것은 그 사람의 것이 된다. 이렇게 기름 한 종지나 포도주 한 병이 주는 이와 받는 이의 소유를 구별할 수 없는 이유는 그러한 선물은 실용적이 아니라 아름다운 것이기 때문이다. 이런 까닭에 선물로 적절한 것은 실용적인 것이 아니라 아름다운 것이다.

선물을 주는 것은 무엇인가를 뺏는 행위이기도 하기 때문에 예부터 그 수혜자는 자신이 받은 선물의 가치를 살피기보다는 그것이 나온 더 막대한 곳간을 상상하면서 달가워하지 않는다. 선물에 대해 감사를 기대하는 것은 품위에 어긋나며, 매번 수혜자의 무심함에 직면하는 벌을 받는다. 당신의 도움을 받은 불쌍한 사람이 행하는 무례와 모욕을 면한 것만도 다행으로 여겨야 한다. 혜택을 받는 것은 부담스러운 일이고, 수혜자는 빚을 진 양 당신을 한 대 때리고 싶어 한다. 이런 사안들에 대해 가장 적절한 조언은 불교도에게서 찾을 수 있는데, 이들은 "당신에게 주는 자에게 아첨하지 말라"고 말한다.

이렇게 수혜자와 시혜자 사이에 괴리가 발생하는 이유는 사람과 선물은 항상 등가적이지 못하기 때문이다. 참으로 위대한 사람에게는 그 어떤 선물도 줄 수 없다. 위대한 이에게 주는 당신의 선물은 상대적으로 하찮을 수밖에 없다. 친구에게 내가 갖는 선의에 비해 내가 마련한 선물이 갖는 현실적 의미는 이기적이거나 미미한 수준에 머물게 된다. 우리가 서로에게 행하는 선하거나 악한 행동은 의도치 않거나 우연인 경우가 많아, 선행에 대한 감사의 마음 역시 일정한 수치심과 굴욕감을 동반하지 않는 경우가 없다. 이런 까닭에 모든 행동은 직접적이기보다는 간접적인 것으로 만족해야 하고, 선물 역시 직접적인 주고받기에서 만족을 얻는 경우는 드물다.

오직 올바른 마음만이 공연한 찬사를 자신도 모르게 물리치고, 이로써 많은 사람들의 감사를 얻게 된다. 선물의 정신이자 지주가 사랑의 위대함인 것을 부정하거나 사랑의 방식을 규정하고자 하는 것은 아니다. 우리가 아름다운 증표를 받고픈 사람들이 있고 이는 좋은 것이다. 이것은 특권이고 지상의 어떤 규정으로도 제한받을 수 없다. 그 이외의 어떠한 이유로도 우리 자신은 사거나 팔릴 수 없다. 최고의 환대와 후의는 의지에 있는 것이 아니라 운명에 있다. 내가 당신에게 의미가 없고 필요도 없으며 나와 공감하지 못한다면, 아무리 나를 당신의 집과 땅에 들인다 해도 나는 문밖으로 내던져진 것과 다름없다. 어떠한 수고나 은혜가 아니라, 그것이 비등하게 표현하는 내면적 마음만이 가치 있는 것이다. 내가 다른 사람에게 어떤 수고와 은혜를 베풂으로써 다른 이들과 합류하고자 한다면 그것은 지적 속임수에 지나지 않는다. 사람들은 사과를 먹듯이 당신의 수고와 은혜를 먹고는 당신 자신은 내동댕이칠 것이다. 하지만 당신이 이들을 사랑한다면 이들은 항상 당신과 공감하고 당신과 함께 기쁨을 나눌 것이다.

에머슨에 따르면 선물에는 주는 이의 인격이 실리는 까닭에 선물은 그의 삶과 재능이 함께하는 물건이다. 이에 따라 선물을 받는 이는 기쁨과 미안함을 동시에 갖게 되며, 특히 혜택에 따른 부담감은 물론 부채의식까지 갖게 된다. 이런 연유로 선물을 주는 것은 무엇인가를 뺏는 행위가 된다. 에머슨의 결론은 이러한 선물이 흐르는 통로는 공감하는 마음이고 운명이라 표현되는 유대감임을 강조한다. 그러므로 선물에서 우선하는 것은 마음인 반면, 이러한 마음이 선물에서 산출되는 것은 아니라는 것을 강조한다. 이는 공감하는 마음과 사랑만이 진정한 의미의 선물을 낳을 수 있다는 뜻이기도 하다.

에머슨의 에세이는 선물에 대한 우리의 일반적 관찰을 넘어서기도 하고 또 그 안에 머물기도 한다. 한편으로 우리는 선물이 받은 이에게는 마냥 기쁜 것만이 아니라 어떤 부담감을 안겨 준다는 지적에는 충분히 동감할 수 있을 것이다. 하지만 다른 한편으로는 선물이 우리의 인격과 삶의 일부여야 한다는 요구가 오늘날에는 불가능한 기준에 가깝다고 느낄 수 있다. 더 나아가 선물 행위는 마음의 교환으로서, 여기에는 어떤 사랑의 유대가 우선한다는 설명 역시 참으로 순수한 의미의 선물만을 염두에 둔 것이라는 아쉬움 또한 갖게 될 수 있다.

2

일상의 선물, 그 내면 혹은 심연

일상사에서 선물 하면 가장 먼저 떠오르는 것으로는 생일 선물, 졸업과 입학 선물, 결혼 선물, 명절 선물, 크리스마스 선물, 밸런타인데이 선물 등등을 들 수 있을 것이다. 이들 선물은 무엇을 기념하여 그 기쁨이 더하도록 주고받는 것들이다. 하지만 이제는 이들이 참으로 일상화되고 의례적이 되어 큰 감흥이 없이 당연시되거나 시큰둥한 반응밖에 이끌어 내지 못하는 선물들일 수 있다.

어떻든 선물을 주고받는 것은 일상의 가장 흔한 경험 가운데 하나이다. 선물이 기쁜 이유는 그 안에 누군가가 나의 뜻 있는 날을 기억하고 축하해 주는 마음이 담겨 있다는 데 있을 것이다. 하지만 이와 함께 무엇인가가 내게 새롭게 생겼다는 것이 기쁜 일인 까닭에 선물을 좋아하는 것일 수도 있음을 부정할 수 없다.

이것이 우리가 오늘날 선물에 대해 느끼고 있는 내용들이다. 우리에게는 선물이란 순수하고 고귀한 것이고 또 그래야 한다는 생각이 있으며, 이에 비추어 요즘의 선물들은 이러한 기준에 부합하지 못하고 있다는 심적 부담감 또한 없지 않다. 앞의 박재삼의 시, 오 헨리의 단편, 그리고 에머슨의 에세이에 덧붙여 우리 자신이 갖는 선물에 대한 기대와 현실 등등을 함께 묶어 그 내면의 논리를 심문하듯 들여다본다면 다음과 같은 질문들이 제기될 수 있다.

- 이 모든 선물에 대한 왈가왈부에도 불구하고, 어떻든 오늘에도 선물은 존재하고 또 오가고 있지 않은가? 선물에 대해 완벽하게 순수한 의미의 잣대를 들이밀면 오늘날 선물은 없는 것일 수 있겠지만, 인류사에서 그리고 어떤 사회에서 이러한 순수한 선물이 실제로 있을 수 있었던

것일까? 하지만 우리는 오늘날에도 선물은 있다고 말할 수밖에 없지 않은가?

• 원래 선물에 대한 반대급부는 받은 이의 의무가 아니며, 주는 이의 기대 또한 배제된다. 하지만 우리의 실제 선물은 이와 달리 실천되고 있는 것은 아닌가? 선물과 뇌물은 참으로 구별이 가능한 것일까? 이런 점에서 선물의 실제가 문제시되기보다는 혹시 선물을 완벽하게 순전한 의미의 수준에서 정의하는 것이 잘못되었고 또 불가능한 것이 아닐까?

• 우리가 '마음의 선물'을 고귀하게, 순수한 의미의 선물에 근접하는 것으로 여기지만, 어떻든 그것 또한 마음을 담은 물건으로서의 선물인 것이고, 마음 자체가 선물로 성립할 수 없듯이 선물은 결국 물건으로 표현되는 것이 불가결할 뿐만 아니라 필수적이다. 선물은 동사적일 뿐만 아니라 명사적인 것으로, 행동과 물건을 동시에 포함해야 성립된다. 그러므로 '마음의 선물'은 마음 못지않게 이러한 마음을 담은 물건으로 구성된다. 마음은 마음 자체로 표현되지 못한다. 물건 또한 물건 자체로 의미를 담지

못한다. 비약하자면, 마음과 물건, 정신과 물질은 대조되는가, 혹은 필연적으로 연계되는가?

• 내가 직접 만들어 나의 정성이 깃들어 있는 물건만이 선물이 될 수 있는 것인가? 그렇다면 현재와 같은 상업적 시장경제 속에서 선물은 거의 불가능하다. 하지만 오늘날 소위 '물건'을 구성하는 것은 단지 물질적 차원만이 아니라 매우 복합적인 사회문화적 차원 또한 갖고 있으며, 바로 이러한 차원이 더욱 중요한 가치를 갖는 까닭에 상품으로 구매된 물건 또한 충분히 선물로서의 가치를 갖는 것이 아닌가? 이런 이유만 보아도 오늘날 주고받는 선물 역시 선물의 자격을 충분히 갖추고 있다는 것을 우리 모두가 인정하고 있는 것이 아닌가?

• 선물은 받는 이가 원하고 필요로 하는 것이어야 하지 않을까? 가장 순수한 의미의 선물은 받은 이의 기대와 쓰임과는 전혀 무관한 것이지만, 선물로 받음으로써 그 유용성을 알게 되었을 때 그 의미는 더욱 커질 수 있다. 하지만 보통의 경우 선물을 하는 이는 받는 이의 상황과 선물의 효용을 고려하는 것이 일반적이고, 이 또한 선물임이

분명하다. 아기 예수를 위해 동방박사들이 가져온 선물은 귀한 것이기도 하지만 아기 예수에게 필요한 것이었다. 이런 점에서 선물은 그 개념과 같이 온전히 항상 뜻밖의 것이어야 하는가?

• 순수한 차원의 선물은 받는 이에게 뜻밖의 물건인 것과 동시에 그 시점 또한 뜻밖이어야 한다. 하지만 오늘날 선물은 앞서 언급한 특별한 날들에 거의 '정례화'되어 있다. 명절 즈음에 상당수의 회사는 직장인들에게 명절 선물을 준다. 정례화된 선물은 선물의 의미를 상실한 것인가?

• 선물을 주는 것은 순수한 마음의 전달이고, 받는 것은 어떤 마음의 부담이 없는 것으로 여겨지지만, 현실적으로 이는 사실이 아니고 또 가능하지도 않다. 선물은 상업적 교환에서와 달리 은연중에, 그렇지만 강하게 상대방에 대해 영향력을 행사하는 것이고, 선물에 보답하려는 노력은 이러한 영향력으로부터 벗어나고자 하는 심리적이고 실질적인 대책의 차원에서 행해지는 것은 아닐까?

• 개념적으로 상정된 선물과 현실적인 실제 선물은 항상

I. 선물의 안과 밖

차이가 있는 것은 아닌가? 어떤 선물이 진정한 선물인가? 이는 양자택일의 문제로서 개념과 실제 사이의 갈등과 모순의 문제로 대두되는 것인가? 우리의 삶은 개념과 실천 사이에서 어딘가에 위치하고 있으며, 이 둘 사이에 어디를 향해야 한다는 어떤 가치 지향이 가능한 것인가?

많은 질문 가운데 우선 이 정도의 질문만을 열거해 보았다. 조금은 두서없고 과장된 질문들이지만 이들은 소위 '사유'라고 일컬을 수 있는 영역으로 우리를 초대한다. 이제 이 질문들에 답을 줄 수 있는, 선물에 대한 가장 고전적인 연구인 마르셀 모스의 저작을 자세히 읽어 보자.

II

마르셀 모스의「선물론」
― 무슨 내용이 담겨 있나

작은 글 한 편의 힘

하찮고 부질없는 일로서 굳이 멈추어 생각하기보다는 그 냥 지나쳐도 무방한 '선물 현상'에 대해 질문을 제기하고 그 의미를 되새긴 학문적 논의의 기원 또는 획기적 전환은, 프 랑스의 사회인류학자인 모스Marcel Mauss (1872-1950)의 「선물론 "Essai sur le don: Forme et raison de l'échange dans les sociétés archaïques"」에 의해 이루어졌다. 학술지에 발표된 이 논문은 150여 페이지 (『사회학 연보L'Année sociologique: 1923-1924』, 1925, pp.30-186)이지만, 내용의 반을 차지하는 각주를 제외한다면 100페이지에 미치 지 못한다. 프랑스에서는 1950년에 책자로, 영어 번역본은 1966년과 1990년에, 우리말 번역본은 『증여론』이란 제목으로 2002년에 출간되었다.[3]

긴 논문 또는 소책자에 불과하지만 서술 방식이 매우 압축 적인 까닭에 이 저작의 함의를 추출하기 위해서는 긴 내용을 재서술할 정도로 자세히 읽고 정리할 필요가 있다. 우선 모 스의 목소리를 듣기 위해 우리말 번역본을 기준으로 그 내용 을 요약해 본다.[4] 이해를 위해 원전을 참고하여 번역본의 용 어 등을 조금 수정한 경우도 있다.

내 용

서 론

선물에는 의무감이 있다

서문("선물, 특히 선물에 답례해야 하는 의무에 관해서")의 시작은 조금은 급작스럽게 우리의 상식적 인식을 벗어난다. 모스는 선물을 주는 행위의 의무감, 더 나아가 이후 답례를 해야한다는 의무감에 대해 말한다. 즉 선물의 교환은 개념상으로는 개개인의 자유로운 판단에 의한 것이지만 실제로는 매우 강제적 의무의 차원에서 행해진다는 것이다. 모스는 이러한 선물 행위가 '원초적 사회'에서 행해지는 방식에 대한 방대한 인류학적 자료를 면밀히 살피면서 자신의 논지를 설정해 나간다. 그의 인류학적 작업은 현장을 방문하여 현지인들에게서 직접 채취한 자료를 기반으로 하기보다는, 기존의 인류학적 보고와 연구의 상호 대조와 해석에 주력한다.

모스의 이러한 저술 방식은 원주민들의 삶을 함께하면서 이를 직접 관찰하고 보고하는 당대 인류학의 기본 방식과 차이를 갖고 있었다. 마치 군인의 덕목 가운데 전투에서의 경

험을 우선시하는 것과 같이, 당대에나 오늘날에나 무엇보다
도 인류학자에게는 고된 현지 탐문이 먼저 요구되는 분위기
를 부정할 수 없다. 하지만 오히려 이러한 점에서 모스의 인
류학이 갖는 의의는 크다. 그는 당대까지 보고된 방대한 자
료를 수합하고, 이러한 과정에서 받아들일 것은 받아들이고
부정할 것은 부정하면서 일목요연한 종합을 시도하였다. 그
가 수합한 자료의 폭은 책의 방대한 주에서 확인된다. 모스
의 작업은 일차 자료와 그에 대한 일차적 해석을 함께 재점검
하면서 자료의 풍성한 함의를 한층 더 드러내고자 한다는 점
에서 해석학적 작업이라 할 수 있다.

원시 사회가 아닌 원초 사회

여기에서 '원초적 사회sociétés archaïques, archaic societies'라는 용
어는 우리말 번역본에서는 '태고 사회'로 번역되었다. '태
고 사회'라는 표현에서는 번역자의 고심을 느낄 수 있다. 항
용 인류학의 연구 대상이 되었던 비서구 사회를 '원시 사회
primitive society'라고 한 것은 서구 중심적 발전 사관을 벗어나지
못한 용어 선택이었다. 미개인barbarian 또는 야만인savage이라
는 용어 또한 같은 경우이다. 특히 미개인의 경우 그 어원이
그리스어의 '이방인barbaros'으로까지 거슬러 올라가는데, 이는

단순히 '그리스적이 아닌 모든 것'이라는 중립적 의미에서 점차 부정적 의미를 띠면서, 이후 로마 등 유럽 내에서도 다른 문화의 주민들을 폄하하는 용어로 사용되었고, 점차 유럽 전체에서 비유럽인들을 지칭하는 용어가 되었다.

유럽의 인류학 자체는 그 학문적 성립에 있어 상당 부분 식민주의 또는 제국주의의 연계선 상에서 생성되었다는 것을 전적으로 부정할 수 없다. 정치 군사적 통치를 위해 현지인에 대한 정보 수집과 인류학적 자료 수집은 일정 부분 공유점을 갖고 있었던 것이 사실이다. 물론 인류학 자체에서 비유럽인에 대한 이러한 태도 자체를 반성하고자 하는 시각 또한 발견할 수 있고, 그 한 예는 모스가 이들 사회를 '원초적 사회'라 지칭하는 것에서 찾아진다. 이 책에서는 번역본의 '태고 사회' 대신에 의미와 어감을 고려해 '원초적 사회'를 사용하고자 한다.

조그마한 하나로 전체를 볼 수 있다

'원초적 사회'라는 용어 사용에 대한 이해에 이어 우리의 주의를 요하는 것이 '총체적인 사회 현상phénomènes sociaux totaux, total social phenomena'이라는 개념이다. 이것은 원초적 사회의 경우 각각의 구성 부문이 분화되고 상당한 독자성을 갖기보다는 매우 유기적으로 연계되어 있다는 관찰을 담고 있다. 이는 한편으로 특정 사안의 의미는 다른 사안들과의 연계 속에 파악되어야 한다는 것이고, 다른 한편으로 아주 지엽적인 사안 하나도 전체 사회와 긴밀히 연관되어 있어 그 사회 전체를 조망할 수 있도록 한다는 것에 기인한다.

이런 점에서 보면 조그만 인류학적 대상 하나도 사회 전체를 기술하는 데 있어 부족함이 없고, 더 나아가 이러한 조그만 대상의 의미는 피상적 관찰과 다른 깊이와 폭을 갖게 된다. '선물'이라는 조그만 대상이 그 대표적 예가 된다. 즉 모스에게 인류학은 사회 전체를 총체적으로 기술하는 사회학이기도 하며, 이후 설명되듯이 이러한 연구는 원초적 사회가 현대 사회와 삶의 틀에 제공하는 풍성한 함의를 갖는다.

선물의 역사
— 선물은 항상 선물이 아니었다

모스에게 선물이 한 사회의 총체적 구도를 파악할 수 있도록 하는 작은 대상일 수 있는 것은 선물, 또는 선물을 주고받는 행위가 사회적 연계망 속에 있기 때문이다. 원초적 사회에서도 선물은 순수한 의미의 선물로 존재하지 않았다. 우리가 오늘날 순수한 의미의 선물은 사라지고 오직 오염된 의미의 선물만이 횡행한다고 생각하는 것은 선입관에 불과하다. 오늘의 현상을 오염된 것으로 여기는 사유는 역으로 순수한 형식의 대상을 '상정'하는 것에 지나지 않을 수 있다.

모스가 주목하는 점은 원초 사회에서도 선물은 단지 허심탄회하게 주고받는 것이 아니라는 점이다. 다수의 인류학적 관찰과 보고에 의하면, 선물은 주는 것도 의무이고, 받는 것도 의무이며, 또 보답하는 것도 의무이다. 선물은 그 외적 의미와 달리 자발적이기보다는 오히려 사회적 의무와 강제의 형식이다. 원초 사회에서 주고-받고-돌려주고의 흐름은 사회 유지의 주요 요소인 교환의 형식을 취하고 있으며, 이는 자연스러움과 자발성에 기초하기보다는 분명한 규칙과 의무가 있는 형식이다.

제1장 선물 교환과 답례의 의무

「선물론」의 제1장은 곧바로 가장 전형적인 선물 교환을 낳는 내적인 논리와 외적인 폭의 예를 거론한다. 모스는 파푸아뉴기니 동쪽 연안에 위치한 트로브리안드Trobriand 제도 같은 사회에서 선물의 주고받음에는 단지 오늘날의 시장경제

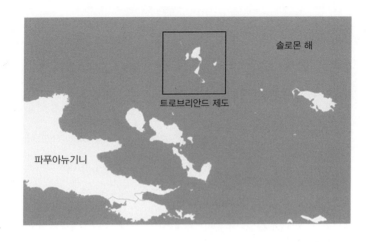

적 교환의 논리만이 작용하는 것은 아님을 설명한다. 그는 당대까지의 인류학이 많은 지역에서 물건에도 어떤 혼령이 있다는 생각이 있음을 보고하고 있는 것에 주목한다. 뉴질랜드 원주민인 마오리족은 사람의 영혼을 '마나mana'라 하고, 물건의 영혼을 '하우hau'라 부르는데, 물건의 기운은 물건의 소유자와 일정한 관계를 맺게 되며, 물건을 받는 것은 주는 이의 정신적 영혼의 일부를 받는 것이라고 믿는다. 이러한 구도 속에서, 받는 이는 최소한 이에 버금가는 물건을 되돌려줘야 한다. 이렇듯 선물의 순환은 심적인 수준에서 자발적이기보다는 강제적이다.

일면 선물과는 거리가 먼 듯한 관습들도 선물 행위에 포함된다. 가장 극단적 또는 기형적 형식의 선물 행위는 폴리네시아판 '포틀래치potlatch'이다. 포틀래치는 북서 아메리카 지역 원주민들에 의해 행해진 것으로, 부족의 지도층이 향연과 축제를 베푸는 것을 말한다. 이는 주로 자신의 체면을 유지하는 수준을 넘어 권위를 경쟁적으로 과시하고자 하는 의도에 기인한다. 포틀래치는 치누크Chinook 부족어에서 유래하며 '베풀다' 또는 '주다'는 뜻을 갖고 있다. 포틀래치는 주변 사람들에게 음식과 선물을 베푸는 것에 머물지 않고 재물을 대하는 자신의 담대한 마음을 과시하면서 스스로의 명예를 드높이기 위해 동판과 같은 귀중품을 호수에 버리는 행위 등을 포함한다.

이렇게 포틀래치가 선물의 한 현상으로 분석됨으로써 선물은 한층 포괄적인 사회 형식임이 밝혀진다. 이는 신에게 제물을 바치는 제의식祭儀式과 상당한 연관성을 갖는다고 할 수 있는데, 여기에서 우리는 포틀래치가 인간과 신 사이의 선물 교환 형식을 취하고 있음을 짐작할 수 있다. 인간의 아낌없는 선물 공여에 대해 신의 선물은 기대되거나 강제된다. 물론 폴리네시아에서 이러한 포틀래치가 완벽히 재현되고 있는 것은 아니지만, 이곳에서 행해지는 여러 행위들은 포틀래치의 기본적인 요소들과 많은 공통점을 갖는다.

제2장 선물 체계의 발전 – 후한 인심, 명예, 돈

제2장은 이러한 포틀래치가 단지 한 부족 내에서만 행해지는 것이 아니라 부족 간에서도 행해지는 모습과 그 의미를 탐색한다. 멜라네시아 지역에서 '쿨라Kula'(아마 원circle을 뜻한다)라 불리는 교역은 한 부족이 다른 부족들과 하나의 원을 형성하면서 시계 방향 또는 그 반대의 순서로 선물을 주고받는 형식을 취한다. 선물의 대상에는 음식물이나 일상품, 귀중품만이 아니라 잔치와 성적인 봉사 등도 포함된다. 하지만 부족 간의 교역은 오늘날과 같은 차원의 교환이기보다는 선물 행위에 가깝다. 오늘날의 교환은 '김왈리gimwali'라는 별도의 이름으로 불리는데, 쿨라에 있어 적절한 아량과 배려의 여지를 두지 않는 경우 "김왈리처럼 한다"라는 불평을 듣는다.

어떻든 쿨라 역시 보답의 의무와 주인과 물건의 영적 관계 등도 포함하며, 이는 매우 복합적인 경제적, 법적, 도덕적 실천임을 알 수 있다. 물론 이러한 통합적 미분화는 원초적 사회의 수준에 기인한 것이라고 말할 수 있지만, 한층 적절하게 평가하자면 그와 같은 분화를 필요로 하지 않았기 때문이라 해야 한다. 여기에서 계속적 주고받기의 행위는 정작 하나의 단위로 여겨지면서 주기와 받기, 구입과 판매, 대여와 차용은 구별되지 않는다. 옛 우리말에서도 유사한 예를 찾을 수 있는데, 시장으로 쌀을 팔러 가는 아낙이 정작 "쌀 사러 간다"고 말하곤 한 것이다. 이는 구매자의 입장에서 말하기보다는 '산다'는 것이 파는 것과 사는 것을 통합하고 있는 개념일 가능성으로 해석될 수 있을 것이다.

포틀래치와 쿨라는 순수한 교환이기보다는 사회, 문화, 경제적 차원이 포함된 전체적 즉 총체적 선물 행위의 연장에 있는 현상이다. 여기에서 모스는 다시 한 번 이러한 총체적 행위가 갖는 의미의 폭과 깊이를 가늠할 수 있도록 다양한 논제를 언급한다. 우선 그는 원초 사회가 현대의 우리가 상상하듯이 단순한 차원의 물물 교환에 머문 체제는 아니었음을 강조한다. 원초 사회에서 넓은 의미의 선물은 신용, 명예와 같은 소위 긍정적 차원만이 아니라 경쟁이나 투쟁과 같은 적대적이고 부정적인 차원 또한 갖는 것이었다. 이들이 재물을 허비하는 이유는 누가 부에 대해 더 담대하며 가장 명예로운 의미에서 '쩨쩨하지 않고' 상대방을 '끽소리 못 하게 하는' 부자인가를 둘러싸고 서로 경쟁하기 때문이다. 이러한 상황 속에서 포틀래치를 행하는 것과 그 수혜를 받는 것은 피상적 이해를 벗어난다.

'받아야 하는 의무'도 주어야 하는 의무 못지않게 강제적이다. 선물을 거부하거나 포틀래치를 거부할 권리는 없다. 그렇게 행동하는 것은 답례해야 되지 않을까 하고 염려하는 것을 나타내며, 또한 답례하지 않으면 '코가 납작해진다'는 것을 두려워하는 것이다. 실제로 그때에는 이미 '코가 납작해진' 것이다.

어떤 부족에서는 '음식을 나눠 주다'와 '음식에 답례하다' 그리고 '복수하다'가 그 의미에 있어 구분이 되지 않는 경우도 있다. 거듭 강조되는 것은 원초적 사회에 대한 일방적 폄하나 흠모가 아니며, 피상적 이해 또는 자기 기준에 의한 타자의 이해가 갖는 한계이다. 재산을 공공에 내놓거나 신에게 바치는 것은 물론, 도박 또한 넓은 의미의 포틀래치이다. 이런 점에서 포틀래치 또는 선물은 사회적 의미의 종교와 신화의 수준을 넘어 거의 무의식에 가까운 삶의 형식임이 확인된다.

제2장의 마지막 부분은 물건의 힘 즉 물건에 어떤 영혼이 내재해 있다는 생각에 대해 탐문한다. 이에 따르면 물건과 그 주인과의 관계는 단지 피소유물과 소유자의 관계를 넘어선다. 이런 까닭에 물건이 이미 선물되거나 교환된 경우에도 그것이 완전히 양도된 것이기보다는 오히려 대여되었다는

생각이 더 지배적이다. 북서부 아메리카 부족에서 추장 소유의 매우 정교하게 세공되고 값이 비싼 동판은 숭배의 내상인데, 이는 그것이 태양과 동일시되는 이유도 있지만 일반적으로 부를 획득하는 것은 사물의 정령을 획득하는 것으로 여겨지기 때문이다. 여기에서 추장 칭호와 동판은 거의 동의어이다. 하지만 이러한 현상의 함의는 이에 머물지 않는다. 사람과 물건이 서로 연관되어 있고 또 혼재하며 사물은 일정한 인격을 갖는다는 것 또한 부각된다.

모스의 이러한 논의는 선물의 내재적 의미가 단순히 주는 것이 아니라, '주고-받고-되돌려주는' '강제적' '과정'이라는 큰 틀 속에 있다는 것을 역설한다. 이의 최종 주안점은 '과정'에 있다는 것이 모스의 결론이다. 선물은 재화의 순환이자 인격체로서의 사람의 순환, 즉 모든 것의 총체적 순환의 관점에서 고찰될 필요가 있다는 것이다.

제3장 고대의 법과 경제에서 선물 원칙들의 잔재

제3장의 제목은 "고대의 법과 경제에서 선물 원칙들의 잔재"로서, 이러한 논제가 이어지는 이유는 우선 두 가지 측면

에서 찾을 수 있다. 그 하나는 이제까지 살펴본 선물 행위가 아직은 의미 구분이 되지 않은, 즉 사회적 미분화 현상으로서의 의의만 가질 뿐이어서 오늘날에 대해 어떤 함의를 갖기보다는 단지 지나간 역사의 한 페이지일 뿐이라는 당연한 의문 제기에 대한 답변이다. 또 다른 하나는 이와 같은 선물 교환의 흐름에 있어 물건과 사람이 갖는 관계를 다시금 살필 필요성이다. 모스가 이 두 가지 사안을 거론하고 답하는 것은 선물제도의 연구가 당대의 유럽에 던지는 제안을 구체화하기 위해서이다.

위 두 가지 질문은 다음과 같은 모스의 자문에 의해 분명해진다.

우리는 물건에 관한 법과 사람에 관한 법을 구별하고, 물건과 사람을 명확하게 구별하는 (이 구별은 현재 법률가들 스스로에 의해서 비판되고 있다) 사회에서 살고 있다. 이 구별은 기본적이다. 즉 그 구별은 현재의 재산·양도·교환제도의 일부 조건 자체를 구성하고 있다. 하지만 그것은 우리가 지금까지 연구한 규범과는 관계가 없다. 또한 셈족·그리스 민족·로마 민족의 문명 이래로 우리의 문명은 한편으로 채무 및 유상급부有償給付와 또 한편으로 선물을 명확하게 구별하고 있다.

그러나 이 구별은 주요한 문명들의 법에서는 아주 최근에 나타난 것이 아닌가? 이들 문명은 그처럼 냉정하고 타산적인 사고 방식을 갖지 않은 전前 단계를 거친 것이 아닌가? 그들 자신도 사람과 물건이 혼합되어 선물 교환의 이 관습을 행한 적이 없는가? 인도·유럽어족에 존재하는 법의 몇몇 특징을 분석하면, 우리는 그들 자신도 이러한 변천을 거쳤다는 것을 보여 줄 수 있을 것이다. 우리는 로마에서 그러한 변천의 흔적을 찾을 것이다. 또한 인도와 게르마니아에서는 이 법 자체가 비교적 최근까지도 작용하고 있었다는 것을 볼 것이다.

모스는 폴리네시아 원주민 등이 행하는 원초적 선물 행위는 이전 시대에 유럽에서도 행해졌음을 여러 전거를 통해 밝혀 나간다. 가령, 로마법이나 게르만법에서 거래에 있어 담보물을 제공하는 경우 그것은 대개 가치가 없는 것으로도 충분했다. 이는 일종의 신용 거래에 해당하고, 그러한 신용에 기반한 거래는 물건의 가격보다는 물건의 생명과 영혼을 염두에 둔 것으로, 그 교환에 있어서도 오늘날의 교환과는 절차와 의미를 달리한다.

고대 유럽에서만이 아니라 인도에서도, 재산을 증여하는 경우 순수한 법적 테두리보다는 훨씬 종교적인 엄숙함과 함께 물건의 영혼과 효험에 대한 고려를 포함하였다. 로마의 경우 가족의 물건 자체도 가족의 일부로 상정되었다. 한 고대 법령에서 "절취竊取된 물건의 권위authority는 변함이 없다 Quod subreptum erit, eius rei aeterna auctorias esto"라고 규정하는 것은 물건에 대한 관점이 점유나 소유보다는 그 자체의 영혼 즉 권위의 인정에 기초한다고 할 수 있다. 부채에 대해 한 가족과 친족 등이 연대 책임을 지는 이유는 물건과 재화가 가족 구성원적 지위를 갖기 때문이라고까지 말할 수 있는 것이다. 이런 점에서 오늘날에는 구매가 있다면 고대에는 물건의 취득取得이 있을 뿐이었다.

이러한 논의의 소결론은 물건과 사람은 각각 영혼을 갖고 이들이 엮이는 관계는 단순한 소유나 지배를 넘어 영혼의 교호라고까지 말할 수 있는 지점에서 시작한다는 점이다. 이로써 물건의 교환은 사람의 교환이기도 하다. 고대 인도의 경전에 "당신이라고 하는 것은 바로 나이다. 이제 나는 당신의 본질이 되며, 당신을 주면 나는 나 자신을 준다"는 언명은 이러한 인식에 기초한 것이다. 물건의 교환은 인격과 영혼의 교환이자 공유의 관점에서 이해되고 있다는 것이다.

제4장 결론

선물에 대한 이러한 논의를 마무리 짓는 결론은 "도덕적 결론"으로 시작한다.

이러한 관찰은 우리 자신의 사회에 확장할 수 있다. 우리의 도덕과 생활 자체의 상당한 부분은 언제나 의무와 자발성이 혼합된 선물의 분위기 속에 머물러 있다. 모든 것이 아직도 구입과 판매라는 점으로만 분류되지 않는다는 것은 다행이다. 시장 가치밖에 없는 물건들이 많이 있다 하더라도 그것들은 아직도 시장 가치 외에 감정 가치를 가지고 있다. 우리의 도덕은 단지 상업적인 것만은 아니다. 우리 중에는 아직도 과거의 풍습을 지니고 있는 사람들과 계급이 있으며, 또한 우리는 거의 모두가 적어도 1년 중의 어느 시기 또는 어느 경우에는 그 풍습을 따른다.

이로써 모스는 선물이라는 현상의 도덕적 의미를 추출하고자 한다. 이는 그가 인간의 삶에 존재하는 현상에서 어떤 도덕적 의미를 추출하는 작업에 임하고 있음을 분명히 한 것이다.

이러한 논리의 틀은 원초 사회 못지않게 지금의 사회를 구성하는 개념과 제도의 많은 부분이 여전히 모호성과 복합성을 갖는다는 점이다. 세계의 논리와 그에 내재하는 당위 또는 도덕적 의미의 결합은 많은 분석적 시도와 달리 구별될 수 없는 지점들을 갖고, 그것은 사회적 과정에서 매우 중요한 자산으로 이어져 오고 있다. 인류의 역사적 행태에 있어 과거와 현재는 구별되지 않는다. 선물 행위의 '잔재'는 오늘날에도 비록 1년에 몇 번이지만 지속되고 있다. 선물은 자유이자 의무였고, 지금도 그렇다. 이 외의 다른 것들, 가령 접대와 예의범절 그리고 경쟁과 지배는 독립된 개념이자 행동으로 여겨질 수 있지만, 여전히 상호 긴밀한 관계 속에서, 명확한 구별이 불가능한 지점에서 행해지고 있는 '복합 관념'이자 '혼성물'인 것이다.

우리는 모스 자신이 이렇게 외견상 상호 배타적인 개념이 혼재하는 양상에 대해 매우 중립적 태도를 취한다는 것에 특히 유의할 필요가 있다. 그것은 항용 현상에서 당위를 이끌어 내기 위해 은연중에 당위에 무게를 두고 이를 최종적인 강조점으로 삼는 것에 대한 경계이기도 하다. 그는 선물의 경우에서와 같이 '도덕' 또한 순수한 차원보다는 매우 복합적인 차원을 갖는다는 점을 환기시킨다. 경제적 부가 높이 평가받는 이유는 그것이 단지 그 구매력이라는 실질적 유용성만

이 아니라 사회적 위세와 같은 다른 부수적, 잉여적 차원 또한 갖기 때문이다. 이런 까닭에 우리는 이기심 또는 그 반대항의 무사무욕 역시 그 내적 논리를 탐구함에 있어서는 주의를 요하며, 이 요소들을 동원하는 도덕 역시 순수한 개념이기보다는 복합 개념으로서, 그 실천 또는 존재 논리에 있어 현실과 이상이 함께해야 한다. 이에 따라 한 국가 내에서 시민에게 요구하는 도덕성은 여타 의무(가령, 복지국가 내의 세금)와 전혀 별개의 것이 아니라 혼용되어 있다.

이런 점에서 소위 '경제인'의 모델은 그 개념상의 이해에 있어서도 상당한 '오염'을 도입해야 한다. 이 점이 두 번째 결론("경제사회학적·정치경제학적 결론")의 요점이다.

아주 최근에 인간을 '경제동물animal économique'로 만든 것은 우리 서양 사회이다. 그러나 아직은 우리 모두가 그러한 종류의 존재가 된 것이 아니다. 민중 속에서도 또 엘리트 사이에서도 순수한 비합리적 지출은 관행이 되어 있다. 그것은 아직도 우리 귀족계급에게 남아 있는 약간의 풍습을 특징짓고 있다. 호모 에코노미쿠스homo œconomicus(경제인)는 우리 뒤에 있지 않고, 도덕적인 인간, 의무를 다하는 인간, 과학적인 인간, 이성적인 인간과 마찬가지로 우리 앞의 미래에 있다. 인간은 매우 오랫동안 다른 존재였다. 인간이 계산기라는 복잡한 기계가 된 것은 그리 오래된 일이 아니다.

이런 까닭에 오직 '경제 합리주의'에 의한 사회는 바람직하지도 않고 존재하지도 않는다. 모스는 그 좋은 예로 노동의 문제를 든다. 이는 그가 살던 시대에 더욱 심각하게 대두된 사회 문제이자 인간 삶의 문제이기 때문이었다.

자신을 위해서뿐만 아니라 다른 사람을 위해서도 성실하게 수행한 노동에 의해서 평생 동안 정당하게 보답받는다는 것을 확신시키는 것보다 사람을 더 잘 일하게 만드는 방법은 없다고 생각된다. 생산자 즉 교환자는 자신이 생산물이나 노동 시간보다 더 많은 것을 교환하고 있으며, 그 자신의 어떤 것, 즉 그의 시간과 생명을 주고 있다고 또다시 느끼고 있다. 이것은 언제나 느껴 온 바이지만, 생산과 교환의 과정에서는 더욱 심하게 느끼고 있다. 따라서 그는 이러한 선물에 대해서 적절하게 보상받기를 원한다. 그에게 이러한 보상을 주기를 거부하는 것은 그로 하여금 태업을 하게 함으로써 생산성 저하로 이어진다.

모스는 선물에 대한 논의가 단지 서구 사회보다 훨씬 단순한 사회의 사례를 해석하는 것이 아니라 당대 사회에 대해 매우 적극적인 의미를 갖고 있음을 분명히 한다. 여기에서 그가 전제하고 있는 중요한 강조점은 인간의 노동과 생산 그리고 교환은 단순한 '경제적' 차원을 넘는 내용을 갖는다는 것이다.

그의 최종적 결론은 "일반사회학적·도덕적 결론"으로 한층 더 포괄적인 함의를 담고 있다. 앞서 요약한 개념과 인간 행동의 복합성은 원초 사회와 현대 사회 모두에 실재하고, 이런 점에서 시간 또는 역사적 과정 속에서 변모하기보다는 계속 이어지는 어떤 불변항으로 남아 있다고 할 수 있다. 이 점이 앞서 제기될 수 있었던 질문, 즉 선물이 단지 미분화 사회에서 발생하는 현상이라는 의문에 대한 답이 될 수 있을 것이다.

오늘의 사회 역시 미분화 사회이다. 따라서 한 현상에 대한 해석에 있어서는 사회에 대한 전체적 조망이 동원되어야 한다. 이것이 바로 모스가 사회학적, 더 나아가 인류학적 관점에서 역점을 두고자 하는 방법론이기도 하다.

구체적인 것에 관한 총체적 연구는 가능하며 또한 사회학에서는 더 매력적이고 더욱 많은 설명을 제공한다. 왜냐하면 우리는 총체적이고 복합적인 존재인 인간의 수적으로 한정된 수량의 총체적이며 복합적인 반응을 관찰하기 때문이다. 또한 우리는 인간을 유기체와 심적 기구의 관점에서 기술하는 동시에, 집단으로서의 그들의 행동과 그것에 대응하는 의식 상태, 즉 군중, 조직된 사회와 그 하위 집단의 감정·관념·욕구도 기술한다. 또한 우리는 육체와 그 반응 ―관념과 감정은 대개 그 해석이며, 좀 더 드물게는 그 동기이다― 도 관찰한다. 사회학의 원리와 목적은 집단 전체와 그 행동 전체를 인식하는 것이다.

전체적인 조망은 사회학의 이상에 머물지 않고 사회과학 일반의 방법론적 지향점으로 제시되는데, 특히 유의할 점은 그것이 사회와 인간 모두를 공정히 포괄하는 생각이기를 바라는 노력이고자 한다는 것이다. 그것은 개인과 인간이라는 구체적 차원과 함께 시작하여 집단과 사회라는 총체적 차원을, 이러한 동시적 궁구에 정태적 공간과 동태적 역사 또한 도입하고자 하는 것으로 요약된다. 모스는 선물에 대한 연구가 이러한 연구 범주 내에서 행해져야만 그 진실된 모습을 볼 수 있고, 자신의 연구가 이러한 지향점의 한 예이길 바라고 있다. 선물은 경제적인 것이자 존경, 이익, 도덕, 심미, 감정 모두를 포함하는 현상으로, 물건이자 행태로, 원초 사회와 현대 사회 모두를 포괄하는 가운데 연구되고 그 함의가 수확되어야 한다는 것이다.

모스는 이러한 논의를 포괄하는 사례이자 오늘의 사회에 대한 제안으로 자신의 선물에 대한 논의를 마무리 짓는다. 그것은 중세의 전설인 아서왕과 원탁의 기사의 이상이다.

민중·계급·가족·개인은 부유해질 수는 있지만, 그들이 행복해질 수 있는 것은 그들이 원탁의 기사들처럼 공동의 부富 주위에 앉을 수 있을 때뿐이다. 선善과 행복이 무엇인지를 멀리서 찾을 필요가 없다. 그것은 부과된 평화 속에, 공공公共을 위한 노동과 개인을 위한 노동이 교대로 일어나는 리듬 속에, 또한 축적된 다음 재분배되는 부 속에 그리고 교육이 가르치는 서로 간의 존경과 서로 주고받는 후함 속에 있다.

III

모스의 배경

선물 연구의 계보

모스가 선물에 대해 문제의식을 갖고 이러한 논의를 하게 된 동기와 배경은 무엇일까? 이에 대한 대답은 두 가지 측면에서 살필 수 있을 것이다. 하나는 어떻든 모스의 학문적 계보의 차원이고 다른 하나는 정치사회적 상황이라고 할 수 있다. 물론 이 둘은 분명한 선을 그을 수 없이 상호 중첩되는 면모를 지녔다는 점 또한 부정할 수 없는바, 이는 설명의 편의를 위한 선택일 뿐이다.

우선 모스의 학문적 문제의식은 자료 수집과 같은 작업과 이에 대한 해석들이 어느 정도 축적된 상황에서 형성되었다고 할 수 있다. 모스 이전에 여러 인류학자들은 많은 지역에서 현지인을 접하면서 자료들을 수집하고 이에 대한 해석적 작업을 점차 진행해 왔다. 앞서 살핀 바와 같이, 특히 인류학은 비서구에 대한 서구의 정치, 경제, 그리고 군사적 지배와 함께해 온 혐의를 받고 있다. 점령지와 그 지역민에 대한 심도 있는 이해는 그 자체를 위한 것이기보다는 다분히 지배의 범위를 확대하고 그 강도를 높이기 위한 정책 자료로서의 역할을 수행하였다. 물론 이러한 의도에 대한 예외가 없는 것이 아니지만, 인류학과 식민주의 또는 제국주의와의 유착 관계는 단순한 혐의를 넘어 오늘날에도 지속적으로 제기되고 탐구되는 주제로 남아 있다.

모스의 책상 위에는 이러한 배경 속에 수집된 수많은 보고와 또 이에 대한 해석적 연구가 쌓여 가고 있었다. 더불어 학문적 배경에 있어 그가 당대 프랑스의 가장 저명한 사회학자인 뒤르켐Émile Durkheim(1858-1917)의 조카라는 점이 꼭 언급되고 있으며, 이는 그만큼 뒤르켐이 그의 지적 성장에 지대한 영향을 준 인물이었음을 의미한다. 사회에 대한 총체적 연구라는 문제의식은 분명 뒤르켐의 학문적 과제였고 이러한 방법론이 모스에게 이어지고 있음은 분명하다. 뒤르켐의 대표적 연구 사례 가운데 하나인 자살에 대한 연구에서 보이듯이, 극히 개인적 차원의 문제로 치부되어 온 사안이 어떻게 총체적인 사회적 상황과 연관성을 갖는지에 대한 심도 있는 연구는 분명 모스의 선물론과 깊이 관련되어 있다. 구체적으로 모스는 학문적 생활 자체에 있어서는 뒤르켐의 직접적인 가르침을 받지 않았으며 또한 그 직접적 승계의 과정에 있었다고 할수 없다. 하지만 두 학자의 연계는 명시적이지는 않지만 묵시적 내지는 학문적 환경에서 찾아지며, 그것은 일반적 대화보다는 훨씬 학문적인 논의의 연속에서 드러난다고 할 수 있다.

모스는 서른 살 무렵에 뒤르켐을 도와「분류의 원시적 형태들: 집단표상 연구에의 기여"De quelques formes primitives de classification: Contribution à l'étude des représentations collectives"」(1903)라는 매우 중요한 논문을 발표하였다. 이 작업에서 모스는 특히 다양한 자료를 수집하고 정리함으로써 논문의 완성에 크게 기여한 바 있다. 이 논문이 발표된『사회학 연보L'Année sociologique』는 1898년 뒤르켐이 창간한 학술지로서, 모스는 1차 세계대전 말기에 사망한 뒤르켐에 이어 이 학술지의 학문적 명성과 명맥을 이어 가고자 노력하였다. 이러한 노력의 일환으로 그는「선물론」을 1925년판『사회학 연보』에 발표한 것이었다.

2

사회주의에 대한 유보적 견해

당대까지 축적된 인류학적 자료와 뒤르켐 등의 학문적 영향력 및 지적 계보 못지않게「선물론」을 낳게 한 것은 20세기 초반의 사회정치적 상황이다. 1차 세계대전을 전후로 격변하는 사회정치적 여건 가운데 특히「선물론」의 집필에 영향을 준 것은 러시아에서의 볼셰비키의 10월 혁명(1917)을 들 수 있겠다. 뒤르켐과 모스에게 인간의 삶에 있어 사회(그리고 문명과 문화)가 갖는 결정적 중요성에 대한 주목은 당대의 사회주의 운동과 근친성을 보이지 않을 수 없었고, 모스의 경우 이러한 근친성은 더욱 두드러진 것이었다. 하지만 러시아에서의 혁명 이후 정치적, 경제적 사태들은 모스의 사회주의에 대한 사유를 한층 현실적으로 재점검하는 계기가 되었다.

이러한 모습은 그가 「선물론」과 거의 동시에 볼셰비즘에 대한 연구 또한 함께 진행하고 발표한 것에서도 확인할 수 있다.[5] 모스의 이 연구는 볼셰비즘에 대한 긍정적 평가보다는 훨씬 더 부정적인 평가로 기울고 있다. 그는 무엇보다도 혁명 이후 볼셰비즘이 자신들의 정치경제적 이념상을 사회주의보다는 공산주의로 정의하는 것에 대해 비판적이다. 여기에서 공산주의는 그것이 사회주의보다 더 근본적이자 원초적인 사회 형태라는 주장과 그것으로의 회귀가 진정한 혁명의 목표라는 생각에 의해 채택된 모토였다. 하지만 모스에게 이러한 원초적 형태의 구상 자체는 단지 현실의 반대 항으로서 상상된 것에 불과하며 그러한 상태로의 복귀는 불가능하고 또 바람직하지도 않은 것이었다. 더 나아가 모스는 러시아 혁명이 사회 구조의 변화에 대해 어떠한 구체적 그림 특히 의지를 결여하고 있다는 것을 가장 심각한 문제점으로 제기

한다. 이런 점에서 이 혁명은 가장 나쁜 의미의 경험주의라는 비판을 면치 못한다. 그에 따르면 이러한 무계획과 구체적 의미의 부재 등은 사려 없는 낭만적 모험주의로 평가될 수밖에 없다.

모스의 연구가 근본적으로 사회주의적이거나 원시 자연 사회에 대한 향수일 수 있다는 첫인상은 불식되어야 한다. 모스의 사회는 소박한 감정이나 단순한 이성의 공간은 아니다. 오히려 이들이 혼재하는 복합성 속에서 사회는 어떻든 개인의 평화로운 삶을 위한 공간으로 진화해야 한다는 신념이 모스의 사회학적 연구의 근본 테제라 할 수 있다. 볼셰비즘에 대한 회의적 시각 또한 바로 이러한 테제에 따른 것이다. 즉, 평화로운 방식보다는 폭력적으로 추구되는 이상 사회가 바람직한 사회의 모습과는 거리가 멀다는 것이다.

3

싸움보다는 교환
— 교환에서 평화의 근간을 보다

선물에 관한 고찰의 주안점이기도 한 바와 같이, 모스에게 교환은 무엇보다도 전쟁과 투쟁 그리고 폭력을 대체하는 문명 기제로서의 의미를 갖는다. 폭력적 상황에 대한 고심은 당대의 많은 사상가들의 고찰을 낳고 있었다. 그 대표적 경우로는 조르주 소렐Georges Sorel의 『폭력에 대한 성찰Réflexions sur la violence』(1908)과 발터 벤야민Walter Benjamin의 「폭력 비판을 위하여"Zur Kritik der Gewalt"」(1921)를 꼽을 수 있다. 이 두 연구와 다른 방향에서 모스는 인류의 문명사가 어떻게 폭력을 순치하는 역사로 읽힐 수 있는지를 밝히고자 한다. 홉스Thomas Hobbes가 만인에 의한 만인의 투쟁에 이은 강압적 권력 체계의 구축을 설명하고, 루소Jean-Jacques Rousseau가 순수한 대중의 의지를 설정하면서 계약 관계의 성립을 문명사회의 원점으로 설명한 것과 달리, 모스는 투쟁을 대신하는 평화적 경쟁을 강조하고, 폭력이나 전쟁 그리고 혁명 대신 교환을 통한 평화의 증대에 주목한다.

4

경제의 의미를 탐문하다

모스의 이러한 관점은 현실에 대한 혁명적 부정이나 단순한 긍정의 한편으로 치우치기보다는 양극단 사이에서 균형 감각을 잃지 않으려는 자세로 파악할 수 있다. 러시아에서와 같이 혁명과 폭력으로 기존의 모든 것을 부정하는 것은 이제까지 문명이 진화해 온 발자취를 전면적으로 거스르는 사태이다. 모스는 표면적으로 선물 행위가 매우 지엽적인 사례 같지만 이는 인류가 쌓은 지혜로서 인류의 오늘과 미래를 향한 그 함의는 지속되고 있음을 보여 주고자 한다. 그렇다고 해서 모스를 '현실 유지에 역점을 두는 보수주의'에 경도된 연구자로 분류하는 것 또한 적절하지 않다.

앞서 언급한 바와 같이 「선물론」의 한층 넓은 차원의 배경으로는 19세기와 20세기 초에 걸쳐 노정된 자본주의의 체제적 모순에 대한 심려가 있다. 이러한 시점에서 모스는 자신의 학문적 연구가 현실적 함의로 작용하기를 기대하는 욕망을 가질 수 있었다. 그에게 자신의 시대는 한층 격화된 일차원적 경제 원칙으로 인해 이제까지와는 또 다른 문명 위기의 시대로 파악되면서, 그는 인류에게 갖는 '경제'의 의미 자체를 궁구하고자 하였다. 바로 이런 까닭에 그는 볼세비즘이나 러시아 혁명이 전적인 오류이기보다는 그 방법론적 오류 속에서도 지배적 체제에 대응하는 새로운 체제를 창출한다는 정신에 있어서 어느 정도 긍정적 면모를 갖고 있음을 인정하고 있다.

IV

선물에 담긴 핵심 사안들

구조와 교환

개체와 구조

개체와 구조 사이의 관계 설정에 대한 논의는 참으로 오랜 역사를 갖는다. 특히 개인과 사회와의 관계는 이러한 구도의 가장 전형적이고 또 전통적인 논제이다. 개인이 모여 사회를 이루는 과정은 분명 당연하고 적절한 추론이다. 하지만 인간을 항용 사회적 동물로 정의해 온 바와 같이, 오늘날의 개인은 사회적 구조가 지대한 힘을 행사하면서 그 모습을 형성하고 변모시켜 온 결과라고 해도 과언이 아니다.

선물에 대한 고찰은 사회 구조 속에서의 개인 또는 개체 전반에 대해 상당한 은유적 시사점을 갖는다. 선물 또는 선물 행위는 사회 구조 속에서 가능하다. 그것은 주는 사람과 받는 사람이라는 사회적 네트워크가 형성된 상황에서 행해진다. 또한 그 물건이 단순한 교환인가 또는 선물 교환인가 역시 그것이 행해지는 공간과 상황에 따라 결정될 수 있다. 선물 등 개별 행위의 의미는 총체적 사회 구조에 대한 고려와 조망 아래에서 형성된다는 것이다. 모스가 선물을 사회의 총체적 구조 속에서 파악하고자 한 이유 역시 이러한 구도 속에서 그것이 '선물'로 확정될 수 있고, 그 기능 또한 사회 전체의 구도 속에서 탐구될 수 있기 때문이었다.

하지만 이러한 논리에 의해 개체 즉 선물이 일방적으로 사회 구조에 의해 성립하고 그 의미가 확정된다는 것은 아니다. 사회 구조 자체가 개체 간의 교호 및 일정 대상의 교환과 선물에 의해 생성되고 있다는 것 또한 정당한 추론일 수 있기 때문이다. 구조의 원초적 생성 지점을 추정할 수 없다면, 최소한 구조의 지속과 변모는 그 내적 구성 인자들과 이들의 운동에 의해 가능하다고 해야 하며, 구조 내 개체의 운동과 순환은 구조의 내적 에너지이자 생명이라 할 수 있다.

구조가 낳는 새로운 개체

개체와 구조는 상호 배타적으로 보이지만 함께 고려하지 않을 수 없다. 이 둘은 상호 배제적이기보다는 오히려 상호 교호와 보완 관계에서 파악하고자 하는 것이 오늘날의 주요 사유 방식 가운데 하나이다. 이것이 구조와 개체, 경제와 선물이라는 양자 간의 '견고한' 교호만을 말하지 않는다는 점 또한 특히 유의할 필요가 있다. 구조와 개체의 관계에서 어떻게 '새로움'이 창출될 수 있는가는 매우 추상적 논의이면서 어떻든 그 논리를 묻지 않을 수 없는 중요성을 갖기 때문이다. 이것이 바로 1960년대의 구조주의에서 1970년대 이후의 탈구조주의가 생성되는 과정이기도 하다. 탈구조주의는 구조주의 바깥에서 이에 대한 정면 비판 못지않게 그 내부에 스스로의 구조를 탈피할 수 있는 논리와 에너지를 내포하고 있는 측면 또한 모색하고 있기 때문이다.

모스의 선물에 대한 연구에는 구조주의적 사유의 첫 단계뿐만 아니라 이러한 사유의 한계와 이 다음 단계를 위한 방향 설정 또한 상당히 내장하고 있다. 이에 대한 본격적인 논의는 또 다른 설명을 요하는 사안인 만큼 조금 뒤로 미룰 수밖에 없다. 우선 여기서는 가장 상식적 수준에서부터 선물의 의미를 살펴보고 그 다양한 의미를 축적하면서 논의를 진행해 나가는 것으로 충분할 것이다.

선물은 기본적으로 한 개인이 다른 개인에게 주는 것이다. 그런 만큼 선물을 주는 개인은 선물을 받는 개인과 이미 어떤 관계에 있거나 또는 새로운 관계 설정을 시작하게 된다. 선물 자체의 측면에서 살핀다면 선물은 개인과 개인을 잇는 중개자이다. 개인의 측면에서든 선물 자체의 측면에서든, 선물은 개인과 개인을 묶는, 즉 연결하고 관계 짓는 네트워크를 형성해 낸다. 그러므로 다양한 선물 또는 선물 행위들은 개인으로 하여금 공동체를 형성하게 하고, 유지하게 하며, 더 나아가 이를 확대하게끔 한다.

선물 교환이 낳는 잉여

'선물'이라는 용어는 물건으로서의 '선물'과 함께 선물을 주거나 받는 '선물 행위'를 동시에 포함한다. 이러한 명사적 의미와 동사적 의미의 병존은 선물의 역동적 능력을 보여 주기에 충분하고, '선물'에 대한 고려는 상당 부분 '선물 행위' 즉 '선물 교환'에서 찾아진다. 모스가 논의의 첫머리에서 선물 행위가 유도하는 주고-받고-보답하는 순환에 주목하고, 특히 이러한 연쇄적 행위들에 내재하는 강제성을 강조하는 것은 이러한 이유에서이다. 다시 설명하자면 '선물'은 '선물 교환', 더 나아가 연쇄적 '교환'에서 그 근본적 의미를 찾을 수 있다는 것이다. 이러한 교환은 우리가 익히 추측할 수 있는 바와 같이 인간의 생존을 위한 선택으로 보인다.

하지만 이러한 차원에서 생각되는 교환이 "'물건'의 교환"에 방점을 두고 있다면, 이와 동일한 무게의 다른 차원은 "물건의 '교환'"에서도 찾아져야 한다. 개인 또는 한 집단의 인간이 애초부터 자족적이었는지, 또는 상호 의존적이었는지는 오늘로서는 확정할 수 없는 추론의 영역으로 남아 있을 뿐이다. 이런 점에서, 교환 자체는 필수적일 수도 있었지만, 꼭 필수 불가결한 것만은 아닐 수도 있었다고 해야 한다. 이런 가운데 행해져 온 교환은 물건의 교환, 즉 물자와 물물의 교환을 넘어서는 의미를 갖는 문화적 기능을 수행한 것으로도 고려되어야 한다. 모스가 선물을 사례로 하여 살피고 있는 '교환'이 소위 원시적 '물물 교환'을 넘어서는 이유가 여기에 있다.

분업과 물물 교환

교환은 생존을 위한 물물의 교환을 넘어서는 의미를 갖는다. 그것은 단지 물질적 생존 차원에서 필요한 것이 아니라, '교환'이라는 순환과 이를 통한 사회 형성의 측면에서 오히려 더 필요한 것이었다. 교환은 사회 공동체의 생성과 유지 그리고 확대를 위한 내적 운동인 것이다. 교환에 대해서는 주로 경제적 관점에 중점을 두어 논의되어 온 역사를 갖는다. 그 대표적 경우로 떠오르는 예는 마르크스Karl Marx의 『자본론 *Das Kapital: Kritik der politischen Ökonomie* 』(1867~1883)이다. 마르크스가 교환에 관심을 가진 이유는 물건의 가치가 어떻게 정해지는가를 재점검하기 위해서이다.[6] 그에 따르면 물건의 원초적 가치는 사용 가치에 있고 그러한 가치의 창출은 노동에 의해서 이루어진다. 이러한 물건의 상대적 가치는 다른 물건과의 관계에 의해, 그리고 차후에는 이들 물건이 돈이라는 매개에 의해 간략히 비교되는 단계로 나아간다. 물론 마르크스의 문제의식은 매개로서의 돈이 자본으로 변하고, 이러한 자본에 의한 또 다른 가치 즉 잉여가 산출된다는 것으로 나아간다. 이는 『자본론』의 제1권 첫 3부를 거칠게 요약한 것이다. 마르크스가 이러한 논리의 내면에 당연하게 상정하고 있는 것은 한 물건의 가장 순수하고 온전한 가치는 사용 가치에 있고 그것은 노동의 투여에 의해 산출되며 그 상대적 가치 측정은 물물 교환에 의해 가능해진다는 것이다.

하지만 마르크스에 앞서 애덤 스미스Adam Smith 또한 그의 『국부론An Inquiry into the Nature and Causes of the Wealth of Nations』(1776)에서 원초적 교환 형식의 예로 물물 교환을 들고 있다. 그리고 이러한 교환의 필요성은 분업의 효율성으로부터 유추된다. 이 또 하나의 기념비적 저술에서 그는 노동이 효율적으로 생산성을 높일 수 있는 방식으로 단연 노동의 분업을 지목하고 이에 대해 살핌으로써 오늘날의 소위 '시장경제적' 체제의 작동 방식을 논의한다. 물론 분업이 노동 생산성을 높인다는 주장은 애덤 스미스에서 시작한 것은 아니다. 그가 책의 첫머리에 밝히는 세 사람 —페티William Petty(1623-1687), 맨더빌 Bernard [de] Mandeville(1670-1733), 해리스Joseph Harris(1702-1764)— 은 그에 앞서 다양한 측면에서 분업 현상을 논의하였다.

이들 가운데 특히 맨더빌은 『꿀벌의 우화: 개인의 악덕, 사회의 이익The Fable of the Bees; or, Private Vices, Public Benefits』(1704)에서 사회가 규정된 법률에 따라 질서를 부여받는다면 구성원들은 상호 갈등이나 투쟁보다는 평화를 유지하면서 이내 분업의 효율성을 배워 나갈 것이라고 주장하였다. 분업을 논하는 부분에서 그는 인간은 다른 사람을 모방하기를 좋아하는 까닭에 원시인의 경우 각자가 삶에 필요한 모든 일을 하고 이러한 삶을 서로 모방하면서 살았지만, 만약 안정된 사회를 구축하였다면 예를 들어 다섯 사람의 경우 한 사람은 활을, 셋은 화살을 만들고, 또 한 사람은 이들을 위해 음식과 집 그리고 옷과 식기를 마련함으로써 각자가 모든 일을 하는 것보다 훨씬 더 능률을 높일 수 있었을 것이라고 설명한다. 맨더빌은 이러한 원시 시대의 상황과 달리 자신의 시대에 훨씬 더 아름답고 완벽한 시계를 만들 수 있게 된 것은 한층 안정된 사회에서의 분업 덕분이라고 덧붙인다.[7]

맨더빌의 『꿀벌의 우화』는 "개인의 악덕, 사회의 이익"이라는 그 부제가 말해 주듯 개인의 악덕마저도 전체 사회에는 이득이라는 주장을 펼치고 있다. 이 저작이 당대에 많은 비난에 직면한 이유는 사회의 이익을 위해서는 개인의 악덕이 오히려 필요하다는 논지에 있다. 기실 온순함과 정직성 자체도 위선일 수 있고 악덕과도 명확히 구별되지 않으며 또한 사회에 어떤 자극과 경쟁심을 유발하지 못한다는 측면에서, 오히려 약삭빠르고 부당한 개인들의 활동이 사회 전체의 활력과 이에 따른 발전을 이루어 낸다는 것이다. 얼핏 이러한 주장은 이후 애덤 스미스의 개인의 이기심과 시장의 원리에 이어지는 것으로 보일 수 있지만, 스미스의 경우 부당한 이기심은 허용하고 있지 않다는 점에서 그 차이가 뚜렷하다. 특히 그가 『국부론』에 앞서 저술한 『도덕감정론The Theory of Moral Sentiments』(1759)은 사악한 탐욕이 아닌 적절한 이기심이 사회적으로 보이지 않는 조화를 이루어 낼 수 있다고 설명한다. 애덤 스미스의 인간과 사회경제에 관한 입장은 분명 맨더빌과 차이를 보이지만, 분업에 관한 한 그 의미를 이어받으면서 발전시킨 측면이 있다.

분업의 생산성

애덤 스미스는 『국부론』에서 분업의 효율성에 관해 자신이 관찰한 매우 인상 깊은 사례를 들고 있다. 핀의 경우, 만드는 사람의 숙련도에 따라 하루에 1개에서 20개 정도를 만드는 것이 일반적이다. 하지만 핀 공장에서는 이와 다른 결과를 낳는다. 여기에서 핀을 만드는 작업은 철사를 펴고, 자르고, 갈고, 핀 머리 작업을 하고, 또 탈색을 하는 등등 약 18개의 다른 공정으로 나눌 수 있는데, 많은 공장들에서 각 작업자들이 이들 가운데 두세 개의 공정을 도맡아 하는 결과, 10명이 일하는 공장의 경우 하루 최대 4만 8천 개의 핀을 만들 수 있다는 것이다. 이는 개인당 하루 4천 8백 개라는 엄청난 생산 효율을 말해 준다. 개인적 숙련도의 증가 즉 개인적 노동 생산성의 증가가 전체적 노동 생산성의 증가로 이어진 것이다. 하지만 애덤 스미스는 이러한 노동이 반드시 경험적 결과에 따라, 즉 이렇게 하는 것이 이롭다는 어떤 경험 논리에 따라 실천되고 제도화된 것은 아니라는 측면을 강조한다. 인간에게 분업은 이성적, 경험적 실천이기보다는 선천적일 가능성이 더 높다는 것이다. 이러한 주장은 그의 사상적 기초와 영향의 방향을 가늠하는 데 있어 중요한 척도가 될 만하다.

노동의 분화 다음으로 애덤 스미스가 주목한 현상은 물건을 '주고받고, 바꾸고, 교환하는 것to truck, barter, and exchange'이다. 그에 따르면, "많은 이익이 산출되는 노동의 분화는 인간의 지혜가 이렇게 하면 더욱 풍요로워질 수 있다고 생각하여 발생한 결과가 아니다. 효용성에 있어 조금 덜하지만 인간 본성에 있어 특정 성향이 천천히 그리고 점차적으로 낳은 필수 성향으로는 한 물건을 다른 물건과 주고받고, 바꾸고, 교환하는 것이다."[8] 물론 그는 인간의 분업과 교환 행위가 본성인지 또는 이성적 판단에 따른 것인지는 더 논의가 필요하다는 입장을 덧붙이지만, 최소한 이것이 여타 동물과는 다른 인간만의 특성이고 거의 선천적일 수 있다는 설명으로 나아간다. 그는 교환의 근원으로 "내가 원하는 그것을 내게 주면, 너는 네가 원하는 이것을 갖게 될 것이다"라는 상호 제안을 거론하기도 한다.[9]

이러한 교환 행위는 서로 간에 이익을 창출하는 경우 발생하고 또 이익을 발생시킨다. 저녁거리로 고기와 술과 맥주를 교환하는 것은 당사자들의 이익을 위해서이고, 여기에서 작용하는 것은 각자의 이기심self-love이지 인간적 자비심이 아니며, 각자의 이익이지 각자의 절대적 필요성은 아니다. 분명 맨더빌이 사용한 예에 자신의 생각을 덧붙이고 있는 스미스의 예에 따르면, 원시 사회에서 한 사냥꾼이 자신이 사용할 수 있는 것보다 더 많은 화살을 만든 경우가 생겨, 이를 이웃에게 선물present하게 되는데, 이에 대한 보답으로 이웃은 사냥에서 잡은 사슴을 나눠 준다. 이런 경험 속에서 그는 자신의 장점이 화살을 만드는 것에 있고, 따라서 스스로 사냥하기보다는 자신은 화살 생산에 집중하여 이를 이웃에게 주고서 사냥한 것을 나눠 갖는 방식이 더 효율적임을 깨닫게 된다. 이렇게 해서 화살과 사냥 분야의 전문가가 탄생하고 사회적 분업이 이루어진다는 것이다.[10]

이를 종합해 보면 애덤 스미스의 주요 주장은 최초의 물물 교환이 상호 간의 편의 증진 차원에서 시작하고 있다는 점이었다. 다른 곳에서 그는 비록 상상적 사례를 들면서 선물적 교환의 인간 본성적 차원을 시사하고 있지만, 그가 최종적으로 주목하고자 하는 것은 물물 교환적 차원이고, 그에게 물물의 교환은 무엇보다도, 또는 주로 경제적 효율성, 특히 분업으로 향하는 기초라는 측면에 맞춰져 있다.

모스의 교환 vs 애덤 스미스의 교환

바로 이러한 차원에서 마르크스, 애덤 스미스와 달리 모스가 밝히는 교환 행위에 내재한 의미와 의의가 갖는 차이점은 분명하다. 모스가 선물 행위에서 주목하는 것은 '교환 행위'의 차원이고, 특히 이를 통해 인간 공동체가 확립되고 확장되는 측면이다. 물론 애덤 스미스와 마르크스 또한 노동 분업과 사용 가치가 있는 물건의 상호 교환을 통해 인간 공동체가 확대되어 가는 과정을 추론하고 있다고 할 수 있다. 또한 애덤 스미스가 소위 '보이지 않는 손'에 의한 시장경제를 강조한 것에는 당대로서는 이러한 시장이 소수에 의해 농락당하는 상황을 극복하기 위한 도덕적 차원이 내재한다는 것을 완전히 무시해서는 안 될 것이다. 하지만 애덤 스미스와 마르크스의 방점이 주로 경제적 측면에 두어져 있다면, 모스는 경제를 포함한 한층 포괄적 차원의 교환을 강조하면서 인간 공동체가 주로 경제적 측면의 교환에 의해서만 성립하는 것이 아님을 살핀다.

순수 시작이라는 기원의 허구성

여기에서 한 걸음 더 나아가 재고해야 할 사안은 '최초'의 지점 특히 '순수' 지점에 대한 추정의 문제이다. 애덤 스미스와 마르크스는 자신들의 논의를 진행하는 과정에서 모든 제도와 부수적 요소들이 배제된 순수 지점으로서 필요한 물건의 이동 즉 물물 교환을 상정하고, 이후 이러한 교환 형식이 어떻게 변모되어 왔는지를 추적한다. 이러한 방식의 또 다른 예로는 공동체 형성론이 있는데, 홉스와 로크John Locke 그리고 루소가 제시한 사회계약론이 대표적이다. 이들은 각각 그 내용을 달리하지만 어떻든 애초에 공동체 구성원 간의 '계약'이 있었다는 최초의 순수 지점을 설정하면서 자신들의 사회 이론을 제시해 나간다. 이들은 자신들이 지향하는 정치 구조의 가장 중요한 요소를 추출하고, 이러한 요소에 기초해 다시 당대의 정치 구조를 평가하고자 하는 순환적 구도의 논리를 전개한다. 여기에서 문제시되는 것은 어떤 '순수' 지점은 단지 '후발적으로' 상정된 것이라는 점이다.

모스의 「선물론」 역시 어떤 '최초' 지점에 대한 연구를 통해 그것이 오늘의 사회에 갖는 함의를 제시하고자 한다. 하지만 그가 홉스에서 마르크스에 이르는 이론가들과 차이를 보이는 점은, 그 최초 지점이 최소한 '순수'한 기원으로 작용하지 않는다는 것이다. 즉, 모스가 상정하는 선물의 최초 지점에서의 선물 행위는 오늘의 우리가 상상하는 바와 같이 내용적 순수성을 갖지 않는다. 그것은 단지 주는 것이 아니라, 주고-받고-보답하는 과정의 연속적 과정 속에 있고, 더욱이 이러한 과정이 상당한 부담은 물론 강제성을 갖는 것이었음을 보

IV. 선물에 담긴 핵심 사안들

여 주면서, 특히 '오늘날에는' 더 이상 선물 개념에 부합하는 선물 행위가 없다는 관점에 대해 재고를 요구하고, 어느 시대에도 선물 개념에 답하는 '순수' 사례는 존재하지 않았음을 강조한다.

중요한 것은 물건만이 아니라 교환 그 자체

물물 교환은 순수하게 '물건'을 교환하는 행위가 아니다. 이에 대한 총체적 이해는 오히려 물물을 '교환'하는 것에 더 무게를 두는 것에 의해, 혹은 최소한 이에 대한 고려에 의해 온전해질 수 있다. 이러한 '교환'을 가능하게 하는 원동력과 그에 따른 효과는 공동체의 확대에서 찾아진다. 특히 이러한 교환은 하나의 공동체 안에서 행해질 뿐만 아니라 공동체 너머, 즉 공동체와 공동체 사이에 집단을 단위로 해서도 행해진다.

앞에서 언급한 애덤 스미스의 분업 또한 선물 교환의 차원에서 바라볼 수 있을 것이다. 그것은 분업이 단지 경제적 효율성만이 아니라 공동체 형성을 위한 의도에서 시작한 것일 수도 있다는 측면과, 분업의 결과로서 공동체가 더욱 공고해지는 측면 또한 고려할 필요가 있음을 말해 준다. 더욱이 오늘날과 같이 국제적 차원에서 분업이 이루어지는 경우, 이러한 분업은 일정 정도 교역국 상호 간의 갈등을 감소하고 유대감을 증대하는 측면을 부정할 수 없다. 물론 이러한 분업의 내용적 측면에 있어, 그리고 그 효과와 결과에 있어 불평등이 발생하고 심화하는 측면 또한 간과할 수 없을 것이다. 어떻든 분업에 대한 논의는 선물과 교환이라는 두 측면 모두에서 고려될 필요가 있다.

우리는 모스가 강조하는 선물 교환의 구도가 다른 한편으로 선물을 일방적 '주기'의 관점에서 파악하기보다는 '총체적' 관점에서 파악하고자 하는 그의 근본적 의지를 반영하고 있음을 다시 한 번 확인할 수 있다. 이는 앞서 설명한 당대의 사회학과 인류학 측면에서만이 아니라, 또 다른 측면으로는 19세기 초부터 거론되기 시작한 게슈탈트Gestalt(형태) 심리학 측면에서 설명될 수 있다. 이에 따르면, "전체의 합은 부분을 넘어선다"는 그 명제가 말해 주듯이 인간은 대상을 다른 대상들과의 연관 속에 이해하며, 또한 이러한 이해는 다수의 대상을 단순히 합한 수준을 넘는 차원에서 이루어진다. 우리가 사람을 볼 때, 단지 얼굴과 가슴이나 손과 발을 별도로 파악하는 것이 아니라 이들이 모여 어떤 전체적 윤곽을 형성한다는 전제하에 파악한다는 것이다.

모스가 추구하는 사회 논리의 총체적 파악과 게슈탈트 신리학이 완전히 일치하는 것은 아니지만, 상당한 은유적 유사성이 있음은 분명하다. 선물에 대한 파악은 주고, 받고, 되주고라는 각각의 행위보다는 주고-받고-되주고라는 흐름의 총체적 구도를 조망하고, 이는 역으로 이러한 구도를 형성하는 각각의 요소를 또 다른 차원에서 파악하게 한다. 이러한 과정을 거치면서 우리는 선물을 주고받는 행위가 애초의 의미와는 다른 차원을 내장하게 된다는 것을 알 수 있다.

인적 교환으로서의 결혼제도

공동체 내외의 교환은 단지 물건에만 머물지 않는다. 이러한 측면에 대한 고려는 인류학에서 가장 긴 연구 전통을 이어 오고 있다. 그것은 친족 관계에 대한 연구와 족외혼 또는 근친상간近親相姦의 금기에 대한 연구로 집약된다. 사람을, 특히 여자를 다른 부족과 결혼시키는 족외혼은 인류의 가장 보편적이고 오래된 습속 가운데 하나이다. 모스의 선물 체계는 결혼, 특히 족외혼을 상호 선물 교환의 차원에서 바라볼 수 있게 하는 틀이기도 하다.

이러한 구도 속에서 근친상간의 금기는 넓은 문화 체계 속

84

에서 족외혼적인 인적 선물 교환을 위한 장치로 해석된다. 그것은 근친상간의 금기가 발생하게 된 과정에 대한 지나친 생물학적 해석을 유보하게 한다. 최소한 그것이 비록 생물학적인 근거를 갖고 있다 해도 이에 더해진 문화 체계적 측면 또한 상당한 정도로 강조되어야 한다는 것이다. 이는 생물학적인 것의 문화적 발현을 부정하는 것이 아니다. 인간의 모든 문화적 활동이 생물학적 근원을 갖고 이것이 발현된 것이라고 해도, 이후 전개된 문화적 체계는 생물학적 차원 못지않은 추가적 의미를 축적해 왔다는 점이 강조되어야 한다는 것이다.

인적 교환의 한 장치
– 근친상간의 금기

근친상간의 금기에 관한 관심과 연구 그리고 논쟁은 긴 역사만큼이나 인류학적 중요성을 갖는다. 이에 관한 모스 이전의 해석 가운데 가장 대표적인 경우로는 영국의 인류학자 타일러Edward Burnett Tylor(1832-1917), 그리고 프로이트Sigmund Freud(1856-1939)를 꼽을 수 있다. 타일러에 따르면 근친상간의 금기는 인간 상호 간의 연대alliance를 진작하기 위한 의지의 제도화이다.[11] 이러한 제도를 통한 연대의식의 확대는 부모 자식 간의 종적, 그리고 자식 상호 간의 횡적 연계를 넘어 가족과 가족, 더 나아가 한 공동체와 다른 공동체를 이어 주는 일종의 의사 교환의 확대로 작용한다.

이와 달리 프로이트의 오이디푸스 콤플렉스에 대한 논의는 인간의 무의식이 신화에서 잘 드러나고 있음에 주목하여 펼쳐진다. 소포클레스의 『오이디푸스 왕』에서 오이디푸스는 자신도 모르는 사이에 본인이 아버지를 살해하고 어머니와 결혼을 하게 되는 비극의 주인공이다. 이 비극에 대한 수많은 해석의 역사 가운데, 프로이트가 지적하고자 한 바는 한편으로 남자 아이가 엄마에 대해 본능적으로 갖는 사랑의 감정이고 다른 한편으로 이에 대한 아버지의 통제이다. 그는 유아의 성장 과정 즉 문명화 과정을 이와 같은 오이디푸스 단계의 극복 과정으로 설명한다. 프로이트의 이론은 인간에게서 근친상간의 욕망을 전제하고 문명사회 내에서의 다양한 내면적 갈등과 충동을 이에 기초하여 설명해 내고자 하였다.[12]

모스 이후에 근친상간 금기에 대해 눈에 띄는 해석을 한 인류학자는 레비스트로스Claude Lévi-Strauss(1908-2009)이다. 그의 이론은 프로이트의 이론을 넘어 타일러의 견해를 이어받고 있다고 할 수 있다. 인간의 삶과 세계를 자연 세계의 문화적 변용에서 찾는 인류학자인 레비스트로스가 인간 문화의 기초이자 틀을 언어에서 찾는 것은 당연한 것으로 보인다. 그에 따르면, 인간은 언어라는 가장 획기적인 의사 교환의 도구를 통해 공동체를 형성하면서 자연과 동물의 세계로부터 더욱 안전한 공간을 창출해 나갈 수 있었다. 이런 가운데 근친 상간의 금기는 공동체의 유지와 확대에 기여하는 원동력이었고, 친족 관계는 자연스러운 혈연의 계보이면서도 오히려 문화적 힘이 더 강한 면모를 보이는 체계이다. 이는 문화에 따라 어떤 경우에는 부권이, 어떤 경우에는 모권이, 또 어떤 경우에는 모계의 다른 친족이 더 큰 힘을 행사하는 것 등에서 알 수 있다. 레비스트로스의 인류학에서 근친상간의 금기는 지구상의 거의 모든 문화에서 발견되는 보편성을 갖는 만큼, 거의 인간 문화의 주춧돌로 파악되는 위상을 갖게 된다.

레비스트로스의 연구와 논의에서 역시 강조되는 것은 교환에 의한 문화적 구조의 정립과 유지이다. 근친상간의 금기와 친족 관계망 등이 공동체 간의 교환 관계를 정립하는 구도 속에서 이해되는 경우, 그 교환 관계의 제도적 모습은 결혼제도로, 특히 이 과정에서 교환의 대상은 여성으로 구체화된다. 남성과 달리 여성이 교환의 주체가 아니라 교환의 대상으로 귀착하는 이 논지는 페미니즘에 의해 강한 비판에 직면하였다. 역사의 전개 과정이나 다양한 분야에서 여성의 역할이 전혀 반영되지 못하거나 정당한 평가를 받아 오지 못했다고 지적하는 페미니즘은 친족 구성을 기반으로 사회문화적 구조를 분석하는 레비스트로스의 구조주의적 이해 자체가 역사적 결과를 탈역사적인 항구적 구조 즉 법칙으로 규정하는 오류를 범하고 있다고 강하게 비판한다.

인류학적 관점에서 레비스트로스의 논지를 반박하면서 페미니즘적 시각의 중요성을 설득력 있게 제시한 대표적 예는 와이너Annette B. Weiner의 연구인 『양도 불가성 소유물: 선물하면서 소유하는 역설Inalienable Possessions: The Paradox of Keeping-While-Giving』(1992)이다.[13] 이 연구는 모스의 논의가 주 대상으로 한 트로브리안드 제도를 다시 관찰함으로써 선물과 교환보다는 오히려 양도할 수 없는 소유물inalienable possessions 또는 그 소유나 점유가 더 중요하다는 결론을 제시한다. 개인과 가족의 지위와 부 특히 정체성이 무엇의 교환보다는 무엇을 소유하고 후대에 전해 주는가에 좌우된다는 것이다. 이런 점에서 여러 가지 물건을 교환하는 것은 정작 일정한 물건의 소유를 위한 전략keeping-while-giving의 일환으로 여겨진다.

와이너의 논의가 페미니즘과 특히 관련을 갖는 것은 가족의 가보와 그 소유가 주로 여성에 의해 형성되고 이어진다는 점에서이다. 그 대표적 경우로 특별한 옷과 장식품을 들 수 있는데, 이는 주로 여성의 작업에 의해 이루어진다. 또한 여성은 신부로서의 교환의 대상만이 아니라, 한 가계의 확산의 차원에서 인식된다. 단지 딸로서 다른 남자의 배우자가 되는 것만이 아니라 결혼 이후의 남매와 자매 관계 또한 매우 중요한 의미를 갖는다는 것이다. 와이너는 공적인 차원의 교환 제도에 있어서도 여성은 단지 대상이 되기보다는 행위의 주체임을 강조한다. 예를 들어 쿨라 교환 행위에 있어서도 여성 또한 먼 곳으로의 여정을 함께하면서 매우 중요한 역할을 수행하고 있다.

레비스트로스는 원초 사회에서의 여성의 위치와 위상이 남성보다는 하위에 있다는 관찰 또는 주장을 하고 있지는 않다. 물론 이러한 수준의 설명이 그의 이론에 대한 페미니즘의 비판점을 벗어나는 것은 아니다. 다만, 선물의 관점에서 유효한 점은 어떻든 이러한 (여성 주체의 입장에서 볼 때의) '부당한' 교환 관계 또한 인류의 문화 일반에서 차지하는 '교환' 자체의 중요성을 부정하지는 않는다는 점이다. 즉, 친족 관계와 결혼제도에 대한 페미니즘의 비판에도 불구하고 이러한 관습들이 보여 주고 있는 교환 관계 자체의 의의는 여전히 유효하다는 것이다. 오히려 관건은 와이너의 논의가 교환 자체에 대해, 즉 소유보다는 교환 자체의 의의를 지나치게 낮게 평가하고 있다는 것이다. 이런 점에서 와이너의 주장은 여성의 교환에 대한 레비스트로스의 견해를 반박하는 것에서 더 나아가 교환 자체에 대한 반론으로의 의의가 큰바, 이는 이후 소유에 대한 논의에서 다시 거론하면서 되짚어 볼 필요가 있다.

2

교환 단위의 확대

부족 간의 교환과 삶의 의미 부여

근친상간의 금기와 결혼제도에서 보이듯, 교환의 주체는 단지 개인에 머물기보다는 공동체로 확대되어 온 역사를 갖는다. 모스가 「선물론」에서 주목한 집단과 집단 간의 선물 교환의 한 형식은 쿨라이다. 멜라네시아 지역의 쿨라에 대한 모스의 연구와 관련해서는 말리노프스키Bronislaw Malinowsk(1884-1942)의 연구를 참조할 필요가 있다. 쿨라는 한 공동체 내의 선물과 달리 다른 공동체와 선물을 교환하는 방식이다. 말리노프스키가 아주 세밀히 그려 내고 있듯이 트로브리안드 제도의 섬을 연결하는 항해에는 쉽지 않은 준비가 필수적이지만, 이들이 선물로 주고받는 물품은 조개 팔찌와 목걸이 등 생활에 필수적인 것들이 아니다. 이런 점에서 각 섬의 주민들은 자기 나름의 독자적 생존력을 갖추고 있는 것이 분명하지만, 그럼에도 이러한 쿨라 교환에 임하는 이유는 그것이 단지 필수품의 교역과는 다른 차원을 갖는다는 데서 찾아진다.

쿨라는 물물 교환과는 달리 더 정제된 선물 형식으로 더 넓은 구도 속에 행해진다. 그것은 일종의 대대적인 축제로서 특히 여성 또한 포함되는 모험의 여정이기도 하다. 말리노프스키는 쿨라에 대한 연구인 『서태평양의 아르고 호 원정대Argonauts of the Western Pacific』(1922)를 "멜라네시아 뉴기니아 제도 원주민의 과업과 모험 이야기An Account of Native Enterprise and Adventure in the Archipelagoes of Melanesian New Guinea"라는 부제로 설명하고 있다.[14] 그리스 신화에서 영웅 이아손의 원정대는 아르고 호를 타고 전설의 황금 양모를 찾아 떠난다. 말리노프스키는 쿨라 원정대의 항해를 일종의 그리스 신화적 모험과 비등한 것으로 보고자 한 것이다.

물론 쿨라의 여정이 완전한 모험담에 가까운 사건에 머무는 것은 아니다. 팔찌와 목걸이의 교환에 일정한 상업적 교환 과정 또한 병행되는 경우를 감안하더라도, 쿨라는 최소한 의 례적 교환과 상업적 교환 사이의 회색 지점에 위치한다고 할 수 있다. 이러한 논의 속에서 말리노프스키는 유럽의 위대한 신화에서만이 아니라 지금 이 시대에 항용 미개 문명으로 치 부되는 비유럽 역시 동등한 수준의 신화와 문화를 향유하고 있다는 점을 강조한다. 이 방대한 저서에서 그는 쿨라의 진 행 과정에 대한 세밀한 보고에 주력한 다음 결론적으로 "인간 의 모든 문화는 그 구성원들에게 세계에 대한 확고한 비전 즉 삶에 대한 확고한 의미를 부여한다"라고 쿨라제도를 요약한 다.[15] 이러한 제도는 겉모습과는 다른 더 높은 차원의 의미를 낳게 되는데, 그것은 비록 필수 불가결한 상업적 교환이 아니 더라도 부족 간의 정례적인 교환이 지속됨으로써 상호 교호 와 관용이 형성되고 유지되며, 이로써 느슨하게나마 부족 단 위를 넘는 더 큰 규모의 공동체 의식이 창출된다는 것이다.

선물로서의 희생

– 희생론의 계보

집단과 집단 사이의 교환 못지않게 여러 인류학자들이, 그 리고 모스 또한 관심을 집중한 것이 희생제의이다. 인간이 신이나 조상에게 제물을 바치면서 복을 빌고 화를 면할 수 있도록 기원하는 의식은 역사와 지역을 막론하고 수행되어 온 제도이다. 모스의 초기 저작 가운데 하나가 앙리 위베르Henri Hubert와 공동으로 1898년 『사회학 연보』의 창간호에 발표한 「희생론: 본질과 기능"Essai sur la nature et la fonction du sacrifice"」이다.[16] 희생제의를 연구한 이 논문은 그 내용 면에서도 이후 모스의 단독 저술인 「선물론」을 충분히 예견하고 있다. 물론 「희생론」이 자료의 방대함, 함의의 깊이와 폭 그리고 향후 영향력에 있어 「선물론」에 버금간다고 할 수는 없다. 그럼에도 이 초기 논문은 희생의 문제를 선물의 한 유형의 관점에서도 접근하고 있어 검토를 요한다.

「희생론」에서 여러 가지 희생과 제사 의식 등은 신과의 교류의 관점에서 파악되며, 그 내적 의미를 이해하기 위해서는 이 논문의 내용을 잠시 살필 필요가 있다. 이 논문은 위베르와 모스의 공동 저작이지만 이하에서는 저자를 모스로 통칭하고자 한다. 모스는 자신의 논의에 앞서 희생에 대한 설명 가운데 대표적인 이론 몇을 먼저 개괄하고 있다. 그 첫 번째는 원시 사회에서 인간은 초월적 존재의 환심을 사고자 선물을 바친다는 설명이다.[17] 이러한 과정에서 점차 어떤 보상에 대한 의식은 탈색되면서 신에 대한 경외감 자체가 증대되고

IV. 선물에 담긴 핵심 사안들

이는 개인과 인간의 희생이라는 단계로 나아간다. 다른 하나는 희생물을 바치고 그 피를 통해 신과의 일체감이 형성되고, 희생물의 공유를 통해 공동체 의식이 고양되는 과정에 주목하는 설명이다. 모스의 논의는 이들의 설명에 대한 완전한 반론이기보다는 일정한 조정과 변환으로 읽힌다.

모스는 우선 희생물 자체보다는 희생물을 바치는 공양자에 주목하면서, 이러한 의식의 진정한 주체는 공양자임을 강조한다. 이 논리에 따르면, 공양자가 희생물을 바치는 이유는 자신의 부정함을 정화하고 제거하려는 의도에서 찾아진다. 하지만 모스는 이 과정에서 신성함이 공양자가 아닌 희생물 자체에 부여되는 단계를 갖게 된다는 것에 주목한다.[18] 이러한 시각은 곧바로 이 논의의 가장 중요한 부분인 '신의 희생'이라는 문제로 나아간다.

앞의 논리에서 희생물 자체가 어떤 신성을 갖는다는 것은, 가령 양이 제물로 바쳐진 경우 그것은 일상의 양, 현실적 차원의 양, 부정한 양 등의 의미를 떨구고 매우 신성한 양으로 전환된다는 것을 의미한다. 희생제의가 양을 바치는 이와 받는 이 사이에 개재된 양의 의미를 격상하면서, 희생양scapegoat은 신성한 차원으로서의 가교가 된다. 희생제의를 통해 양이 어느 정도 신성을 부여받게 되는 것은, 달리 말하자면 신성 자체가 확장되거나 양보되는 것이고, 바로 이러한 상황은 일종의 '신의 자기희생'으로 불릴 수 있는 것이다. 이런 까닭에 단지 인간의 어떤 희생물이 신에게 바쳐지는 과정이라는 의미의 희생은 그 내적 논리에 있어 인간이 신에 대해 양보를 요구하는 것이기도 하다.

이러한 희생물의 공양의식에서 강조되는 것은 신의 영역과 인간 영역 사이의 교통이다. 공양물은 신성한 것을 인간에게 이어 주고 또한 세속적인 것을 신에게 전하는 매개물이다. 여기에서 한 걸음 더 나아가 모스가 추론해 내는 주요 논지는 선물의 경우와 같이 희생 역시 매우 복합적 의미 체계속에 있다는 것이다.[19] 이러한 희생은 이타적이기보다는 이기적인, 최소한 부분적으로는 이기적인 행위이다. 그것은 희생물을 바친다는 점에서 이타적이지만, 사실 자신의 모든 것을 희생하기보다는 자신을 대신하는 어떤 공양물을 바친다는 점에서 매우 계산적이고 이기적인 행위이다. 그리고 이는 스스로가 무엇인가를 받기 위해 자신을 보전하는 행위로서, 이기심과 배려심이 공존하는 일종의 타자와의 계약 행위이기도 하다. 모스의 희생에 대한 논의는 이후 자신의 주된 학문적 관심의 대상으로 옮아간다.

신에서 사회로

모스의 학문적 관심의 대상은 바로 사회이다. 희생제의에
서 상정되는 신의 자기희생은 거의 자기모순에 가까운 것이
지만, 동시에 그것은 신의 자비와 위대함을 가장 높은 차원에
서 보여 주는 예로 여겨질 수 있다.[20] 특히 이러한 사유에는
매우 미묘한 논리가 작용하고 있다는 것을 알 수 있으며, 이
것은 문명화가 상당히 진행된 단계에서 등장한다. 신과의 교
통 그리고 신의 자기희생은 인간 사회에서의 개개인 사이의
교통과 자기희생의 모범적이자 이상적인 모델로 작용한다.
모스의 최종적 주장은 이와 같은 개인 간의 교통과 자기희생
이 바로 사회라는 공공 영역의 수립과 확대로 이어진다는 것
이다. 이에 따르면, 완벽한 신이 자기희생에 의해 미흡한 인
간을 배려하는 논리는 지극히 교훈적 은유로서 바람직한 인
간 공동체의 이상 ─이는 뒤르켐의 핵심 과제이기도 하다─
으로 자리 잡기에 충분하다.

더욱 단순하게 표현하자면 이는 결국 오늘의 사회가 신을
대신하는 근대적 제도임을 설득하고자 하는 것이다. 신과 사
회의 존립 근거에 대한 공통점이라면 그것은 믿음에 근거한
존재라는 점이고,[21] 신에 대한 믿음에 버금가는 신뢰를 바탕
으로 하는 공동체는 점차 신성한 차원으로 격상될 자격을 갖

는다. 범박하게 말하자면 그것은 국가에 대한 충성이 신에 대한 숭배를 승계하고 동일한 위상으로 격상되기를 원한다. 나라를 위해 자기를 희생한 자는 신을 위해 자기희생을 실천한 성인과 동등한 위상으로 존경받고 신성한 존재로 격상된다. 세상에 태어나고 결혼을 하고 죽는 등의 평범한 일상 속에서도 종교적 차원에 버금가는 국가적 차원의 절차와 중요성이 강조된다. 희생이라는 매개를 통한 인간과 신과의 교통 관계는 인간과 사회(혹은 공동체 내의 여러 개인들) 사이의 교통으로 이어지고 대체되고 있는 것이다. 이는 희생제의 형식의 선물 관계가 단지 인간과 신의 관계 또는 그 확대와 함께 인간 공동체의 성립과 확장의 논리를 설명할 수 있는 한 기제가 될 수 있음을 말해 준다.

아케다 에피소드

– 아브라함, 이삭을 제물로 바치다

희생제의에 대한 모스의 설명은 선물의 다른 한 유형으로 희생에 주목하면서 시작하였고, 그것은 인간의 신과의 선물 관계 그리고 더 나아가 개인의 사회와의 선물과 희생 관계로 이어졌다. 우리는 여기에서 희생을 둘러싼 다른 사례를 잠시 고찰할 필요가 있다. 희생에 관한 대표적 에피소드는 성경에서 아브라함이 자식인 이삭을 신에게 바치는 광경이다. 이 사건의 성격을 알기 위해 우리는 이 부분을 온전히 읽을 필요가 있다.

하나님이 아브라함을 시험하시려고 그를 부르시되 아브라함아 하시니 그가 이르되 내가 여기 있나이다. 여호와께서 이르시되 네 아들 네 사랑하는 독자 이삭을 데리고 모리아 땅으로 가서 내가 네게 일러 준 한 산 거기서 그를 번제로 드리라. 아브라함이 아침에 일찍이 일어나 나귀에 안장을 지우고 두 종과 그의 아들 이삭을 데리고 번제에 쓸 나무를 쪼개어 가지고 떠나 하나님이 자기에게 일러 주신 곳으로 가더니, 제삼일에 아브라함이 눈을 들어 그곳을 멀리 바라본지라. 이에 아브라함이 종들에게 이르되 너희는 나귀와 함께 여기서 기다리라 내가 아이와 함께 저기 가서 예배하고 우리가 너희에게로 돌아오리라 하고, 아브라함이 이에 번제 나무를 가져다가 그의 아들 이삭에게 지우고 자기는 불과 칼을 손에 들고 두 사람이 동행하더니, 이삭이 그 아버지 아브라함에게 말하여 이르되 내 아버지여 하니 그가 이르되 내 아들아 내가 여기 있노라, 이삭이 이르되 불과 나무는 있거니와 번제할 어린 양은 어디 있나이까. 아브라함이 이르되 내 아들아 번제할 어린 양은 하나님이 자기를 위하여 친히 준비하시리라 하고 두 사람이 함께 나아가서, 하나님이 그에게 일러 주신 곳에 이른지라 이에 아브라함이 그곳에 제단을 쌓고 나무를 벌여 놓고 그의 아들 이삭을 결박하여 제단 나무 위에 놓고, 손을 내밀어 칼을 잡고 그 아들을 잡으려 하니, 여호와의 사자가 하늘에서부터 그를 불러 이르시되 아브라함아 아브라함아 하시는지라 아브라함이 이르되 내가 여기 있나이다 하매, 사자가 이르시되 그 아이에게 네 손을 대지 말라 그에게 아무 일도 하지 말라 네가 네 아들 네 독자까지도 내게 아끼지 아니하였으니 내가 이제야 네가 하나님을 경외하는 줄을 아노라. 아브라함이 눈을 들어 살펴본즉 한 숫양이 뒤에 있는데 뿔이 수풀에 걸려 있는지라 아브라함이 가서 그 숫양을 가져다가 아들을 대신하여 번제로 드렸더라. 아브라함이 그 땅 이름을 여호와 이레라 하였으므로 오늘날까지 사람들이 이르기를 여호와의 산에서 준비되리라 하더라. 여호와의 사자가 하늘에서부터 두 번째 아브라함을 불러 이르시되 여호와께서 이르시기를 내가 나를 가리켜 맹세하노니 네가 이같이 행하여 네 아들 네 독자도 아끼지 아니하였은즉, 내가 네게 큰 복을 주고 네 씨가 크게 번성하여 하늘의 별과 같고 바닷가의 모래와 같게 하리니 네 씨가 그 대적의 성문을 차지하리라, 또 네 씨로 말미암아 천하 만민이 복을 받으리니 이는 네가 나의 말을 준행하였음이니라 하셨다 하니라. — 창세기 22:1-18, 개역개정 『성경』

이 에피소드는 기독교에서 아케다Akedah, Aqedah, Binding로 불리는데 이는 아브라함이 신에게 바치기 위한 희생물로 '이삭을 묶은 사건the binding of Isaac'을 간략히 이르는 용어이다.

신이 아브라함에게 아들 이삭을 요구한 이유는 위 인용 부분에서만이 아니라 성경 전체를 통해서도 분명치 않다. 기실 신의 뜻은 알 수 없기에 신은 신적 지위를 갖는다는 논리가 오히려 설득력을 갖는다. 인류학에서는 고대로부터 중동 지역에서 신에게 첫 아이를 바치는 희생제의가 있었으며 여기에는 신에 대한 감사 속에 다산과 풍요를 기원하는 마음을 담고 있었을 것이라고도 설명한다.

아케다 에피소드에서 보이는 신의 논리는 "내가 이제야 네가 하나님을 경외하는 줄을 아노라"는 말에서와 같이 신이 아브라함의 믿음을 확인하고자 하는 시도에서 찾아질 수도 있다. (신은 전지전능한데 왜 이러한 방식으로 피조물의 내심을 확인하고 있는지는 신학이 참으로 오랫동안 묻고 대답해 온 역사를 갖는다.) 하지만 아브라함의 개인적 측면에서 보자면, 이삭은 아브라함이 신의 배려로 어렵게 얻은 자식이다. 물론 그는 노년에 '여종의 아들'인 이스마엘을 얻었지만, 그 후로 그가 100세이고 부인이 90세에 달했음에도 신의 배려로 이삭을 얻을 수 있었다. 이런 까닭에 그가 신의 명령에 따라 이삭을 바치는 것은 한편으로 마땅히 이해될 수 있는 선택으로 보인다.

이런 점에서 이삭은 선물이었고, 그의 희생은 보답이었다고 할 수 있다. 하지만 이것은 우리가 이 사건에서 추론해 내는 것일 뿐, 성경 자체는 매우 무미건조하게 사건의 과정을 기술하고 있다. 신은 요구하고 아브라함은 바치는 것이다. 이런 차원에서 이것은 순수한 의미의 선물도 아니고, 또한 희생제의도 아닐 수 있다. 상대방의 요구와 무관하게 작동하는 것이 순수한 의미의 선물이고 희생이기 때문이다. 이런 점에서 정작 선물의 위치에 있는 것은 이삭이라 할 수 있다. 이삭은 아브라함보다 더 자신을 희생하는 위치에 있는 것이다.

이 지점이 바로 이삭이 신, 특히 예수와 비유적 위치를 갖는 존재가 될 수 있음을 알려 준다. 이삭의 희생은 신의 자기희생, 예수의 자기희생 등으로 이어지는 뜻을 담고 있는 것으로 보이기 때문이다. 아브라함 또한 자신의 아들을 기꺼이 희생함으로써 일종의 신적 위치로 옮아가고 있는 것 아닌가 하는 추측 또한 정당성을 갖는다. 또 다른 측면에서, 신에 대

한 아브라함의 무조건적인 복종은 진정한 의미의 복종이기
보다는 신의 논리에 철저히 복종함으로써 오히려 신을 시험
하고 있는 것이 아닐까 하는 의문 역시 가능하다. 이런 점에
서 아케다 사건은 인간과 신이 함께 '묶이는' 사건이기도 하
다. (이후 희생제의에서는 동물이 인간의 희생을 대신하게 되며, 이는
이후 희생양에 대한 재론을 통해 다시 다루어질 것이다.)

카라바조, 아케다를 그리다
 – 희생은 분명 희생일 뿐

아케다 사건에 대한 회화적 묘사는 상당한 역사를 갖고 있
다. 그것은 이 사건이 다양한 측면에서 중요성 못지않게 참
으로 극적인 면모를 갖기 때문일 것이다. 대표적 예로는 르
네상스 시대의 라파엘로Raffaello Sanzio da Urbino(1511)를 시작으로
카라바조Michelangelo Merisi da Caravaggio(1603)와 렘브란트Rembrandt
Harmenszoon van Rijn(1635), 그리고 현대의 샤갈Marc Chagall(1966)의
작품을 들 수 있다. 이 가운데 가장 극적인 면모를 갖는 작품
은 단연 카라바조의 〈이삭의 희생Sacrificio di Isacco〉이다.[22]

이 그림을 대하는 첫 시선은 보는 이에 따라 다를 수 있다.
하지만 우리의 시선은 어두운 배경 가운데 드러나는 아브라

카라바조, 〈이삭의 희생〉(1603, 우피치 미술관) ⓒwikipedia

함의 얼굴, 천사의 손가락과 얼굴, 아브라함의 칼과 둘의 손목, 또는 이삭의 공포에 찬 얼굴 가운데 어느 것에 먼저 주목할 수 있을 것이다. 아마 이 그림이 담고 있는 이야기에 대한 사전 지식이 없다면, 단호함이 조금은 누그러진 노인의 얼굴, 벌거벗은 젊은이와 그의 손가락, 섬뜩한 칼과 이를 잡고 있는 단단한 손, 그리고 공포 속에 절규하는 청년의 얼굴 표정과 나약한 몸매를 볼 것이다. 이후 이를 성경의 이야기와 연결하게 된다면 순진한 얼굴의 양의 모습 또한 중요한 의미로 다가을 것이며, 멀리 있는 성과 같은 건축물 또한 넌지시 어떤 의미를 담고 있다는 느낌을 받게 될 것이다.

물론 이 그림에서 이들 요소가 일정한 이야기(서사narrative)를 형성하는 것은 성경의 에피소드를 통해서이고, 이는 아브라함-천사-칼-이삭-양-언덕 위와 아래의 성과 건축물 등으로 옮아가는 우리의 시선에 따라 형성된다. 이러한 흐름 가운데 결국 이야기의 핵심 또는 우리 시선의 종착점은 칼, 특히 이삭의 두려움과 절규가 함께하는 얼굴, 그 가운데서도 그의 시선이다. 이삭의 시선은 그림을 보는 우리의 시선을 끌어들이고 이에 호소하면서, 이삭과 우리의 감정이 하나가 되도록 한다. 이야기의 흐름을 인지한 이후에야 우리의 시선은 아브라함의 결단과 망설임을 향하고, 이어서 천사와 그의 손가락이 가리키는 방향으로 향하는 과정에서 더욱더 급박하고 고통스러운 이삭의 표정과 그의 눈을 마주하게 되며, 양을 통해 이에 대한 출구 또는 안도의 한숨을 얻게 된다.

아케다에 대한 카라바조의 해석에서 우선적으로 그리고 최종적으로 강조되는 것이 휴머니즘이라고 한다면 과도한 평가일까? 이 작품의 제목인 '이삭의 희생'이 본래의 것인가 등의 의문 제기가 가능하지만, 이는 분명 아브라함이 이삭을 희생물로 바치는 것을 표현하고 있다. 하지만 이러한 의미의 제목 자체가 (실제 이 그림이 또 다른 한편으로 증언하고 있는 것으로 여겨질 수 있는 희생자로서의) 이삭을 드러내지 않고 희생시키는 제목이 될 수 있다. 이런 까닭에 이삭의 희생 즉 희생자로서의 이삭의 내면 또한 이 그림의 주제 그리고 우리의 느낌에 중요한 일부로 다가온다.

　이를 달리 설명해 보자. 카라바조는 이야기와 시선의 흐름을 제시하면서 그림이 보여 주는 행위와 표정들의 역동성을 담아내고 있다. 아브라함의 주름진 얼굴, 확신에서 조금은 벗어나 다른 무엇으로 설득되어 가는 그의 표정, 급히 날아온 천사와 그의 손짓, 강하게 겹쳐지는 두 개의 오른손, 아브라함의 무지막지하지만 그럼에도 조금은 힘을 뺀 듯한 왼손, 그 아래 무참히 절규하는 이삭의 얼굴, 그리고 확대된 모습으로 천진무구하게 그려진 양. 이들이 순환의 과정 속에 파악되고, 어두운 색조와 직선들로 구성된 배경은 밝은 빛이 비춰 내고 있는 인물들의 표정, 손짓, 몸짓 그리고 무엇보다도 아브라함이 입은 옷의 주름들과 대비되면서, 이야기와 시선의 흐름을 유도한다. 이러한 배경 속에서 이삭의 고통은 번개와도 같이 급격히 우리의 시선으로 들어온다. 우리는 천사가 양을 가리키는 몸짓에서 신의 권능으로부터 벗어나 일종의 휴머니즘으로의 전환을 말할 수도 있다. 하지만 이 그림의

IV. 선물에 담긴 핵심 사안들

감정적인 극적 잔존물은 이삭의 희생임을 부정할 수 없다.

카라바조는 분명 아케다 에피소드에서 이삭의 희생에 주목하고 있다. 하지만 여기에는 이러한 희생으로 인해 우리의 삶이 지탱되고 있다는 의견 또한 내재되어 있다. 어두운 배경 가운데 저 멀리 자리 잡고 있는 건축물들의 모습은 우리의 일상을 가리키고 또 그 견고함과 우뚝 선 모습 속에 어떤 전통의 설립과 지속을 암시하고 있다. 이런 까닭에 이삭의 희생과 그 배경은 일종의 병립 관계를 이루면서, 그의 희생과 이를 통해 수립된 전통이 순환하는 고리를 보여 준다. 더 나아가 이러한 순환적 구도는 한편으로 이삭의 희생이라는 단한 번의 에피소드를 극적으로 보여 주면서, 다른 한편으로 지금 우리의 공동체 역시 너무나 자주 경험해 오고 있듯이 유사한 일상적 희생으로부터 멀리 있지 않다는 것을 환기시킨다.

인간 공동체, 희생을 내재화하다

아케다 에피소드가 선물의 한 형태로서 인류의 희생에 관한 이야기, 특히 인간의 희생이 동물로 대체되는 단계에 관한 이야기로만 읽힐 수 없는 이유는 여러 곳에서 찾을 수 있다. 이러한 희생은 한 공동체의 설립 과정을 담은 전설적 기원에 머물지 않고, 공동체의 유지를 위해 보이지 않는 곳에서 지속적으로 '희생'이라는 이름으로 행해지고 있을 가능성이 더 크다. 문학 비평가이자 문화인류학자인 지라르Rene Girard는 이러한 시선으로 매우 중요한 논제를 제시하고 있다. 그는 『폭력과 성스러움La Violence et le sacré』(1972)과 『희생양Le Bouc émissaire』(1982) 등의 저서에서 인간의 근본적 특성 가운데 하나로 모방 본능을 꼽는다.[23] 아리스토텔레스 등에 의해 상정되기도 한 인간의 모방 본능은 달리 설명하자면 인간의 인간으로서의 문명화 과정이라고 할 수 있다. 이는 뭇 동물과 마찬가지로 인간은 또한 인간 문명 속에서 인간으로 성장하는 측면을 설명한다. 지라르의 논의는 이러한 모방 본능을 그 시작점으로 하면서, 이것이 인간 공동체에서 작동하는 독특한 방식을 강조한다.

그에 따르면, 인간의 모방 본능은 각 개인의 내면적 욕망마저도 상호 모방하고 반영되게끔 하므로 욕망의 대상에 대한 상호 경쟁은 필연적인 것이 된다. 이러한 과정을 통해 모방은 각 개인이 공동체 내의 구성원으로서 일정한 자질을 갖추도록 하면서도, 이와 함께 각 구성원 간의 조화 못지않게 상호 경쟁심을 유발하게 한다. 각 구성원들이 상호 동질적이기 때문에 오히려 경쟁심이 발생한다는 설명은 일반적으로 한 사회 내에서 평등이 사회적 이념이 되면서부터 경쟁 관계는 더욱 격화된다는 논리와 궤를 함께한다. 한 사회 내에서 이러한 경쟁은 긴장을 유발하고 이는 개인 간의 평화스러운 공존보다는 폭력을 유도하는 양상을 낳으며, 더욱이 이러한 폭력 행사 역시 또다시 모방의 대상이 되면서 폭력은 일상화되고 가속화되는 과정을 밟게 된다.

이런 가운데 한 공동체가 폭력의 종식을 위해 취할 수 있는 방식은 두 가지로 요약된다. 그 대표적 경우가 대다수의 폭력적 성향이 상호적으로 작용하기보다는 하나의 대상에 집중되도록 하는 것이다. 그 대상은 공동체 바깥에 있을 수도 있고 또한 내부에 있을 수도 있다. 하지만 이러한 방식으로는 폭력의 대상이 명백히 한정되는 한에서만 폭력이 감소했다고 할 수 있을 뿐, 그것이 완전히 봉쇄되었다고는 할 수 없다. 공동체가 취할 수 있는 다른 방식은 한편으로 경쟁적 대상에 대한 금지를 하나의 규율로 만드는 것이었다. 앞에서 살핀 근친상간의 금기가 그 한 유형이라 할 수 있다. (특히 욕망의 대상이 모두의 손에 닿을 수 없을 경우 그 대체물을 찾는 것 또한 중요하다.) 다른 한편으로, 소위 문명화의 진척과 함께 이러한 폭력을 실제적이기보다는 은유화하면서 반복하는 것 또한 한 방식이었다. 이는 원초적 폭력의 신화화라고도 할 수 있는데,

그것은 폭력적 대상의 역할을 떠맡는 희생양 등을 통해 폭력을 하나의 의례로서 형식적으로만 반복하도록 하는 것이다. 하지만 이러한 의례화 작업은 상당한 한계에 직면하는데, 사회 구성원들이 인지의 발달과 함께 이러한 의례가 원초적 폭력성을 대체하고 순치하기 위한 수단인 것을 깨닫게 될 수밖에 없기 때문이다. 이 시점에서 인간의 폭력은 다시 모습을 드러내고 또 다른 시작 과정을 밟게 된다.

　지라르에 따르면 이러한 폭력의 악순환 속에서의 결정적 예외로서 폭력의 문제를 해결하는 한 은유가 바로 예수의 경우로서, 이는 희생자가 희생자임이 분명히 드러난 역사적으로 유일한 사례에 해당한다. 인류는 예수의 사례를 통해 희생양을 산출하는 구조에 대한 희생양의 경고를 듣게 된 것이다. 여기에서 등장하는 논리가 신의 자기희생의 논리이고, 이에 따라 인류는 신의 선물에 보답을 해야 한다는 부채의식을 촉구받게 된다. 여기에 닿은 지라르의 논의는 인류학에서 벗어나 결국 기독교 신학으로 귀착하고 있다는 아쉬움을 남긴다. 그럼에도 그의 논의가 남긴 한 교훈은, 인류의 문명사에서 평화와 폭력 그리고 희생은 내재적 연결고리를 형성하면서, 그 단절이 인류의 여전한 과제라는 점이다.

　문명 속에서의 폭력의 순치가 어느 정도 이루어져 왔는지는 분명치 않은 가운데, 희생의 문제는 많은 분야에 상존하고 있다. 비록 오늘날 희생은 단지 왕따나 이지메(집단 따돌림) 등의 형태로 사회 문제로 부각되지만, 한 사회의 내밀한 희생양 문제는 지속되고 있고 특히 그것은 은연중에 제도화되고 있다는 의심을 요구하는 사안으로 남아 있다. 더 나아가 수많은 국내외 분쟁에서 자주 실행되고 있는 자살폭탄 테러 또한 희생의 문제와 일정한 연관성을 갖는다고 하지 않을 수 없다. 이런 가운데 앞서 살핀 지라르가 폭력의 종식을 위한 모델로 제시한 예수의 희생이 순수한 희생의 논리에 의해 설명될 수 있는 것인지, 또한 세속적 차원에서 어느 정도로 일반화될 수 있는 논리인지는 문제로 남는다.

3

선물에 대한 의무감 혹은 선물의 정령

사물에도 정신이 있다

선물 행위에는 아무런 의무감이 개입하지 않아야 한다. 하지만 모스의 논의에 따르면 선물은, 받는 이가 주는 이에게 그에 상응하는 선물을 주어야 한다는 의무감, 최소한 부담감을 부여한다. 이것은 우리가 사전적 의미로 알고 있는 선물과는 다른 차원의 것으로 모스의 주요 논지 가운데 하나이다. 물론 우리 또한 선물이 선물임에도 분명 뭔가로 보답해야 한다는 심적 부담감을 느낀다. 모스는 원초적 사회에 있어 이러한 부담감의 한 근원을 물건의 영혼에서 찾는다. 그는 일차적으로 물건에는 어떤 영혼이 있어 본래의 주인에게로 돌아가고자 하는 염원이 작용한다고 설명한다. 사람에서와 같이 물건에도 일종의 정신 즉 정령이 있다는 것, 이 정령은 또한 그 물건의 소유자와 연대 관계를 갖는다는 것, 이로써 선물로 주어진 물건에는 원래의 주인에게로 되돌아가고자 하는 힘이 작용한다는 것이다. 이런 까닭에 선물을 받은 이는 최소한 그 선물에 상응하는 물건을 되돌려줘야 한다는 것이다. 여기에는 선물 행위에 반드시 선의만이 아니라 어떤 악의 또한 내재할 수 있다는 관찰이 담겨 있음에 유의할 필요가 있다.

모스는 마오리 족이 하우hau라고 범칭하는 것은 라틴어의 영혼spiritus과 동일하게 바람과 영혼의 의미를 함께 가지며, 마나mana는 주로 사람의 영혼에 관련하여 사용된다고 설명한다. 하지만 이는 이내 분명치 않은 분류임이 지적될 수밖에 없고, 더 나이가 하우와 마나의 분류는 물론, 이들이 지칭하는 현상 자체가 과연 적절히 언어화될 수 있는가의 문제 제기 또한 가능하다. 어떻든 모스의 설명을 따라가자면, 숲에는 숲의 하우가, 각각의 물건에는 각각의 하우가, 그리고 개인 소유물에도 주인과 물건을 이어 주는 하우가 있다.[24]

이러한 논의 가운데 특히 강조되는 것은 물건의 하우가 주인과 영적 교호 관계에 있다는 것이다. 이 사회에서 교환은 양도 행위가 아니라 잠시 빌려주는 대여 관계 속에서 파악되는데, 왜냐하면 주인과 물건의 하우에 의한 연계 속에서 물건을 주는 것은 이를 만들거나 소유한 사람이 자기 자신을 주는 것과 같으며, 이를 받은 사람은 준 사람의 은혜를 입고 있다는 부담감을 갖게 되기 때문이다. 이것은 "어떤 사람에게서 무엇인가를 받는 것은 그의 정신적인 본질, 즉 영혼의 일부를 받는 것이기 때문이다. 그러한 물건을 간직하는 것은 위험하며 죽음을 초래한다"라고까지 말할 수 있는 근거이기도 하다.[25]

정령 신앙

모스의 이러한 설명은 인류학에서 오랜 역사를 갖고 있고,

'물활론物活論', 혹은 '정령 신앙精靈 信仰의 의미를 갖는 애니미즘 Animism'으로 통칭되어 왔다. 사실 인간의 경우, 죽음 이후 그리고 태어나기 이전에도 육체와 무관한 어떤 기운으로서의 영혼을 상정해 온 역사가 깊다. 고대 그리스 철학의 소크라테스, 플라톤, 그리고 아리스트텔레스의 철학과 윤리학에서 보이는 '영혼에 대한 관리'라는 주제는 이를 반영한 철학적 사유이며, 기독교 등 종교적 전통에서 또한 영혼의 문제는 육체의 문제에 앞서는 것으로 여겨져 왔다.

애니미즘의 어원이 되는 아니마anima는 호흡이나 영혼 그리고 생명 등의 의미를 갖고 있다. 이는 근대에 와서 독일의 의학자이자 화학자인 슈탈Georg Ernst Stahl이 물활론을 설명하기 위해 사용한 개념'animismus'을 영국의 타일러가 그의 주저인 『원시 문화Primitive Culture』(1871)에서 본격적으로 사용한 역사를 갖는다. 사실, 타일러의 또 다른 저서인 『인류학 Anthropology』(1881)이 말해 주듯이 그는 19세기 서양에서 인류학이 형성되는 데 있어 매우 중요한 위치에 있는 인물이다. 그의 주저의 제목인 "원시 문화"가 암시하듯이 그는 인류 문화에 발전론적 입장에서 접근하고 있다는 점 또한 눈여겨볼 필요가 있다.

타일러의 입장은 그보다 조금 앞서 혁명적 영향력을 미친

다윈Charles Darwin(1809-1882)의 『종의 기원On the Origin of Species』 (1859)과 긴밀한 관계에 있다. 다윈의 생물학적 진화론이 갖는 함의는 사회문화적 차원에서도 폭넓게 해석되는 분위기 속에서 다양한 분야에 획기적 영향력을 행사하였다. 그 대표적 경우로는 다윈과 유사성을 보이는 스펜서Herbert Spencer (1820-1903)의 진화론적 사회 철학을 들 수 있다. 스펜서와 함께 타일러에게서도 동일하게 보이는 인류 사회의 발전에 대한 논리는 사회문화적 진화론이라 할 수 있다.

타일러의 학문적 시작점은 인간의 여러 가지 형이상학적 문제들, 가령 종교나 관습 등을 어떻게 자연 과학에 버금가는 수준에서 연구할 수 있는가에 놓였다. 자연 과학은 우주의 모든 요소들을 독립적이거나 우연이 아니라 하나의 정연한 질서 속에서 파악하고 그 필연적 인과 관계를 이성적으로 추론해 내고자 하듯이, 주로 인문학적 대상이었던 인간의 형이상학적 문제(가령, 종교나 도덕 혹은 인간의 자유 의지의 문제)에 대한 연구는 어떻게 견고한 인과 관계하에서 자연 과학적 엄밀성을 가질 것인가가 그의 주된 질문이었다.[26]

타일러는 『원시 문화』의 첫머리에서 먼저 "넓은 의미의 인종학에서 문화 또는 문명은 한 사회의 구성원으로서 인간에 의해 습득된 지식, 신앙, 예술, 도덕, 법, 관습, 그리고 여타 다른 능력과 습관을 포함하는 복합적 전체이다"라고 정의한다.[27] 그리고 그는 이렇게 정의된 다양한 인간의 문화는 한편으로 그것이 인간의 문화인 한 일정한 동질성uniformity을 갖는다고 전제한다. 다른 한편으로 그는 또한 문화가 다른 발전즉 진화 속에 있다는 것 역시 강조한다. 타일러는 연구 대상을 엄밀히 정의하고 그 대상을 하나의 단위로 확정하면서, 그것이 보이는 다양성을 일직선적 진화의 단계들로 설명하는방식을 통해 인간 문화에 대한 연구를 자연 과학에 버금가는수준으로 격상할 수 있다고 믿었다.

타일러는 "현대의 원시 종족들은 그 차이와 시간적 격차에도 불구하고 문명의 여러 공통 요소를 갖고 있다"라는 가설 속에서 당대의 여러 비서구 문화에 대한 관찰이 서구 사회의 원초적 모습을 보여 줄 수 있다는 논리로 나아간다.[28] 인류 문화의 진화 과정에서 다양한 문화들은 진보progress, 퇴화degeneration, 잔존survival, 변형modification 등의 과정을 거쳐 현 단계의 모습에 도달했다는 것이다.

인간의 문화와 사회의 진화론적 이해, 또는 발전론적 이해는 오랜 역사를 갖는다. 우리가 익히 알고 있는 선사 시대의 시대 구분 즉 '석기 시대', '청동기 시대', 그리고 '철기 시대'라는 도구의 재료에 의한 시대 구분은 1825년부터 덴마크의 고고학자인 톰센Christian Jürgensen Thomsen(1788-1865)이 박물관의 전시품을 시대별로 구분하기 위해 도입한 것으로, 진화론적 성격과는 거리가 있는 것이었다. 하지만 인류 역사의 발전론적, 진화론적 이해는 이보다 앞선 18세기 사회 이론의 주된 흐름이기도 했다. 철학 분야에서도 헤겔Georg Wilhelm Friedrich Hegel(1770-1831)의 역사 철학과 그의 사상을 발전적으로 잇고 있는 마르크스의 시대 구분이 그 대표적 예이다. 특히 마르크스의 시대 구분론은 인류 역사의 발전 과정을 그 내용으로 한다. 이에 따르면 인류의 역사는 사유재산이 없었던 원시 공산제, 고대 노예제, 중세 봉건제, 근대 자본제, 그리고 도래할 공산제라는 과정으로 발전한다.

이러한 배경 속에서 비서구 사회를 '원시 사회'로 규정하고 이를 전제로 한 타일러의 인류학적 연구는 당대 서구 사회의 지적 시각을 반영한다. 이러한 시각은 필연적으로 서구 사회를 발전의 정상 단계로 상정하고, 비서구 사회를 이에 도달하지 못한 단계에 있는 것이라는 단정으로 나아가는 경향을 갖는다. 타일러가 원시 문화에서 서구 문화의 원형을 보는 것은, 한 인간의 성장에 비유한다면, 분명 이들 문화가 아직은 유아 단계에 머물고 있다고 주장하는 것에 해당한다. 하지만 다른 한편, 타일러의 주장은 어떻든 당대로서는 조금은 진보적이었던 것으로 평가될 수도 있다. 그것은 그의 전제가 당대의 서구와 비서구가 어떻든 인간 문화 일반의 한 유형이라는 점을 상정하고 있기 때문에 가능한 평가이다.

타일러의 애니미즘론은 서구와 비서구에 대한 평가를 보여 주는 요체로서, 그는 『원시 문화』에서 전체 19개의 장 가운데 6개의 장을 할애하여 이를 매우 비중 있게 논의하고 있다. 그는 애니미즘에 대한 논의를 인간의 모든 문화에서 죽음 이후에, 또한 태어나기 이전에도 어떤 생이 있다는 믿음이 발견되는 현상을 설명하는 것에서 시작한다. 이러한 믿음에 대한 관찰은 곧이어 인간과 동식물은 물론 물건과 같은 사물에도 일정한 영혼이 있다는 믿음 체계에 대한 연구로 이어진다. 그는 이 믿음의 근거를 한 문화가 사물과 사태를 설명하는 방식에서 찾는다. 그의 논의는 이러한 상황에 관해 한편으로는 한 문화가 사물과 사태를 인식하는 나름의 체계를 갖추고 있음을 말하면서도, 다른 한편으로는 해당 문화가 자연 현상에 대해 과학적 설명을 할 수 없을 때 동원하는 논리라고 평가한다.

이런 까닭에 타일러에게 애니미즘은 과학적 이성에 도달하지 못한 문화가 취하는 '원시적' 사유 방식이다. 분명 이러한 주장은 앞서 언급한 바와 같이 서구 사회의 우월성을 염두에 둔 것임을 부정할 수 없다. 하지만 타일러의 또 다른 논점은 이러한 애니미즘이 이후 단일신교, 특히 기독교와 같은 종교의 원형이라는 주장으로 나아가고, 바로 이런 점에 있어 당대의 기독교와 함께 서구의 문화 또한 원시의 애니미즘에서 크게 진전된 것이 아니라는 비판을 동시에 담고 있다.

애니미즘 일반에 관한 한 타일러의 결론은 매우 부정적이다. 그것은 비과학적인 사유 방식으로 인간의 이성이 유아적 단계에 있는 경우 발현되는 문화 현상으로, 궁극적으로는 극복되어야 하고 극복될 수 있다는 것이다. 그에 따르면, 서구의 과학적 사유 단계에서 애니미즘은 오직 종교 분야를 제외하고 일소되었다고 할 수 있다. 모스가 사물의 혼에 대한 자신의 논의를 타일러의 논의와 달리 전개하는 부분은 바로 이 지점이다.

모스의 주술론

애니미즘은 사물에 영혼이 있다는 생각에서 더 나아가 인간과 동식물 그리고 사물을 지배하는 한층 높은 차원의 기운이나 영혼이 있고 또한 이것이 이들을 이어 주고 있다는 생각으로 나아간다. 이러한 논리 속에서 우리의 일상으로서의 물리적 세계는 어떤 영혼과 정령 혹은 기운氣運에 의해 연결되어 있다고 이해된다. 애니미즘의 구도 속에서 인간은 이러한 기운에 호소하거나 접근함으로써 현실의 일상적 논리를 극복하려는 시도를 해 왔다. 기우제를 통해 비를 기원하거나, 무당과 같은 주술사를 통해 병의 치유를 기원하는 등이 그 예이다. 모스가 일찍이 주목한 것도 영적 세계와 현실 세계 사이의 교류 관계였다.

모스는 이에 대해 타일러보다 훨씬 더 사회인류학자적인 입장을 견지하고자 한다. 이는 모스가 또다시 위베르와 함께 1902년에 『사회학 연보』에 발표한 「주술론"Esquisse d'une théorie générale de la magie"」을 통해서도 알 수 있다.[29] 이 논문의 결론은 주술이 종교와 갖는 차이점을 분명히 하면서 이것이 어떻게 인간의 일상적 기술technology과 연계되는지를 설명하고자 한다. 그에 따르면, 종교는 추상적이고 형이상학적인 인간의 이상理想을 반영하지만, 주술은 구체적인 생활의 기술에 가깝다. 물론 모스가 종교와 주술이 갖는 수많은 공통점을 간과하고 있는 것은 아니다. 가령, 이 둘은 현실 세계와 영적이고도 신적인 세계, 이에 접근하는 절차와 그 매개자, 그리고 사회적 기능 등에 있어 상당 부분 궤를 함께한다. 특히, 이들은 단지 개인적 믿음의 수준을 넘어 사회 전체가 이러한 믿음에 동참하고, 이러한 믿음은 개인에게 습득됨에 따라 효과를 발휘하고 있음에 유의할 필요가 있다. 하지만 종교는 한 사회 안에서 한층 공개적이고 그만큼 그 효과에 있어 모두의 믿음에 더 기반하며 또한 일반적 믿음을 이끌어 내는 반면, 주술은 항용 사적이고 그 효과에 대한 기대 또는 예측의 수준이 낮다고 할 수 있다. 그러므로 종교가 형이상학적 이상과 도덕적 체계를 갖는다면, 주술은 한정된 사안을 해결하려는 기술에 가깝다. 모스의 결론은 특히 이 부분에 주목하고 있고, 우리 또한 이에 대해 자세히 읽을 필요가 있다.

주술은 기술이었다

「주술론」의 결론은 다음과 같이 개진된다.[30]

- 종교는 형이상학적 목표와 함께 어떤 이상을 창출하는 반면, 주술은 막연히 느껴지는 신비로운 세계의 수많은 틈을 발견하고 이를 현실에 이용하고자 하는 구체적 기술이다.

- 종교는 추상적 체계로 설득하는 반면, 주술은 기술, 의

약, 화학, 산업 등과 같이 사물을 다루는 방식으로 작동한다. 이런 점에서 주술은 사물의 변화와 생산에 관계하며, 단지 허공에 대고 손을 흔드는 것이 아니라 사물을 다루고 실험을 하며 나름의 발견을 해 나간다.

- 주술은 모든 사람들이 주술 행위를 전적으로 신뢰하게 하는 집단을 형성하고, 더 나아가 이러한 집단적 신뢰를 통해 주술에 대한 개인적 신뢰가 더욱 높아지도록 유도한다.

- 주술사의 기술은 어떤 수단을 제안하고, 사물의 힘을 확대하며, 효과를 기대하도록 함으로써 모두의 욕망과 기대를 만족시킨다. 이렇게 주술은 개인의 욕망과 필요를 구체적으로 보여 줌으로써 효과를 발휘한다.

- 이런 점에서 주술은 현대적 기술의 원초적 모습이라 할 수 있다. 물론 주술은 유아적 기술에 지나지 않지만, 기술 발달의 역사에 있어 기술에 부여되는 주술적 시각이 기술에 상당한 신뢰와 권위를 부여해 왔고, 이를 통해 기술이 발달할 수 있었다. 만약 주술적 차원이 없었다면,

수많은 불확실한 방식들—가령, 의약, 의술, 금속학, 천문학 등—은 발전적 과정을 밟을 수 없었을 것이다. 즉 "기술은 주술의 땅에서 열매를 맺는 씨앗과 같았다"고 할 수 있다. 오직 이런 단계 이후에야 기술은 점차 주술적 차원에서 탈피하면서 이로부터 완전히 자유로울 수 있었다.

• 주술은 기술과 관련되듯이 과학과도 연관성을 갖는다. 그것은 주술 역시 단순한 기술이 아니라 여러 가지 생각의 집적이기 때문이다. 주술은 지식의 중요성을 강조하면서, 지식이 곧 힘임을 목도하게 한다. 종교가 세계를 형이상학적으로 이해하게 한다면, 주술은 자연의 이해와 관련된다. 구체성을 강조하는 주술은 식물과 금속, 자연과 우주의 현상 등에 대해 정보를 축적하면서 몸과 천문 그리고 자연 과학을 위한 첫 단계로 작용하였다. 다른 예로 주술에 관련된 여러 가지 형상과 숫자 등의 체계는 수학의 발전으로 이어졌다.

• 오늘의 우리는 주술로부터 멀리 떨어져 나온 것 같지만, 우리 또한 그렇지 않다. 운이 있다, 없다 등의 것은 차치하고도, 오늘의 기술과 과학 그리고 이성 또한 이 옛것의

흔적을 담고 있다. 힘과 인과 관계, 효과 그리고 물질 등이 우리가 기존에 갖고 있던 신비롭고 시적인 차원을 완전히 벗어 버렸다고 할 수는 없을 것이다. 이런 점에서 주술은 단지 사적인 것이나 신비스러운 것에 머물지 않고, 집단적이며 종교와는 구별되는 중요성을 갖는다.

이 설명 과정의 논지를 요약하자면 주술은 단지 허황된 인식이 아니라 한 집단과 시대가 사물과 사태에 대처하는 하나의 방식이었고, 이는 개인적이기보다는 사회적 믿음에 기반한다는 것이다. 우리가 모스의 이 견해를 참조하고자 한 이유는 그가 선물을 주고받는 과정에서 느낀 의무감의 한 기원을 사물에 깃든 정령에서 찾고 있기 때문이었다. 사물을 단지 사물이 아니라 살아 있는 생명체로 인식하고, 이를 통해 사물과 인간의 교호를 설명하는 애니미즘의 세계관이 현실 삶에 나타나는 한 장면이 주술이며, 그 먼 연장선에 선물이 있다.

정령적 세계관을 배경으로 이루어지는 선물 행위는 단순히 물건의 교환이 아닌 매우 복잡하고 다층적인 의미가 순환하는 공간 내의 활동이다. 그것은 단지 물건이 오고 가는 것이 아니라 사회문화적 환경 즉 한 사회의 총체적 믿음과 합의 그리고 욕망 속에 작동하는 행위이자 의식인 것이다. 특히 이러한 인간 세계의 총체적 작동 방식의 한 예가 물건과 그 소유주가 갖는 영적 교호 관계에 대한 믿음이다. 이런 까닭에 다른 사람에게 전달된 물건 즉 선물은 여전히 이전 소유자와 어떤 교감 상태에 있고, 이 원래의 소유자에게 되돌아가고자 하는 의지가 존재하는 것으로 여겨지는 것이다. 이렇듯 물건과 그 소유주 사이에 영적 관계가 설정되는 모습은 오늘의 우리에게 특히 인상적으로 다가온다.

물론 여기에서 상식적인 질문이 있어야 한다. 선물이나 교환을 통해 건네진 물건은 이제 새로운 주인을 만나게 되고, 이에 따라 새로운 영적 관계 역시 산출되는 것이 아닌지 하는 질문이 그것이다. 이에 대해 기본적으로 제안할 수 있는 답변은 정당한 소유의 문제, 특히 고전 정치경제학에서 제시된, 노동 투하에 의한 가치의 창출을 참고할 수 있을 것이다. 물건의 소유에 관한 권리 즉 재산권은 개인의 삶과 사회를 조직하는 데 있어 가장 중요한 요소 가운데 하나로 꼽혀 왔다. 동시에 이러한 소유권과 재산권의 기원에 대해 제시된 여러 관점 가운데 하나가 노동 투하설이고, 그 대표적 경우로 로크의 『시민정부에 관한 2편의 논문*Two Treatises of Civil Government*』(1690, 제 5장 재산)을 들 수 있다.[31] 이에 따르면 개인의 몸과 이를 사용하는 노동은 분명 개인의 소유이다. 그것은 자신의 소유인 노동을 자연 상태의 대상에게 투여함으로써 그 대상이 자신의 소유가 되게 하고 또한 이를 통해 타인의 점유나 소유를 배제해 나갈 수 있다는 논리로 이어진다.

물건의 소유권을 확보하게 하는 개인적 노동의 투여는 달리 말하자면 한 개인의 영적 연장 행위라 할 수 있을 것이다. 이는 한편으로 인간 정령이 물건에 투여된다는 논리, 다른 한편으로 인간 정령이 물건의 정령을 정복한다는 논리를 낳는다. 노동 투하설에 기반한 소유권 사상은 물건과 그 소유자 사이의 정령적 연계를 설명하는 근대적 표현으로 여겨질 수 있다. 하지만 이는 모스의 선물론이 담고 있는 물건과 인간 간의 정령적 교호와 유대 관계에 대한 많은 함의의 한 예에 불과하다.

물신, 그리고 물신주의物神主義

애니미즘의 한 예 또는 이와 유사한 예로 물신주의를 들 수 있다. 가장 간략히 정의한다면 물신주의는 물物을 신神으로 여기고 숭배하는 것이다. 한편으로 인간의 일반적 사유 양식 가운데 하나를 지칭함에 있어 애니미즘이 가치중립적이라면, 물신주의는 일반의 부정적 평가를 담고 있다. 다른 한편으로 애니미즘이 정령의 편재 즉 모든 사물에 영혼이 내재한다는 생각이라면, 물신주의는 특정한 것 자체에 성령과 주술적 힘이 내재한다고 생각하는 것에서 더 나아가 그것을 신적인 위치의 가장 중요한 것으로 격상시키는 믿음이다.

오늘날 물신주의는 자주 '배금주의拜金主義'를 지칭하는 것으로 쓰인다. 이 경우는 금전을 다른 어떤 가치보다도, 특히 인간을 포함한 모든 것보다도 우선시하는 것이다. 이는 금전을 가장 무소불위한 존재로 격상하면서 금전 자체를 신적 지위에 올려놓는 것을 말한다. 원칙적으로 금전은 어떤 것으로의 교환을 위한 수단에 불과한바 다른 어떤 것에 손쉽게 접근 가능하게 하는 것에 따라 의미와 의의를 갖는다. 하지만 금전 그 자체가 마치 생명을 갖고, 가장 중요한 존재로 숭배되는 경우를 자주 배금주 혹은 물신주의라 한다. 오늘날 우리 일상에서 물신주의는 금전에 대한 숭배와 함께 사물인 물건에 대한 숭배를 지적하는 용어로 쓰인다. 이는 특히 인간이나 생명의 가치보다는 오히려 사물에 더 생명 차원의 가치를 부여하는 경우를 개탄하는 용어로 사용된다.

하지만 금전과 사물을 지나치게 우선시하는 경우를 지칭하기 위해 '물신주의'라는 용어를 사용하는 것은 그 진정한 의미에 있어 반드시 올바른 것은 아니다. 물신주의의 근본적 출발점은 사물에도 생명체와 같은 어떤 영혼이 내재해 있다는 것, 즉 생명체와 사물은 동일한 지위에 있을 수 있다는 것, 이러한 영혼을 통해 사물과 생명체 특히 인간은 상호 연계되어 있다는 것에 있다. 이런 점에서 물신주의에 대한 일반적 경고는 '잘못된', 한층 더 정확히 말하자면 '잘못 해석된' 물신주의에 기인한다. 이는 특히 19세기부터 본격화된 자본주의에 대한 비판과 관련해서도 살필 필요가 있다.

'물신fetish'의 어원은 중세 포르투갈어인 '페이티수feitiço'에서 찾아진다. 중세의 기독교적 신앙과 달리 무지한 계급의 주술을 뜻하는 이 단어의 라틴어적 기원은 '팍티시우스facticius, manufactured'(만들어진)에 있다. 포르투갈인들은 15세기 서아프리카 지역에서 만난 원주민들의 신앙을 지칭하기 위해 '페이티수'의 현지 변형태인 '페티수fetisso'를 사용한 것으로 보인다.[32] 이러한 과정에서 분명해지는 것은 이들이 아프리카 원주민들의 종교적 차원의 행위를 자신들의 관점에서 이해하고, 이러한 이해를 반영하는 용어를 동원했다는 것이다. 모스가 설명하고 있는 원주민의 정령 신앙적 차원에서의 행위에 대해 외부인은 부정적 의미가 강한 '페이티수'라는 용어를 사용한 것이다.

IV. 선물에 담긴 핵심 사안들

가령, 사찰의 법당에 모시는 석가모니 불상은 이를 통해 석가모니의 가르침에 쉽게 접근하고자 하는 한 방편이다. 불상을 모시는 것은 그 자체를 숭배하기 위해서가 아니라, 불상이 표상하는 추상적 내용을 숭상하기 위한 것이다. 이런 점에서 불상 자체가 자기 완성적으로 어떤 영혼을 가지고 있다고 믿는 것은 그야말로 물신적이다. 하지만 불상이 다른 어떤 것을 지칭하는 정도의 내용 혹은 영혼을 가지고 있다고 믿는 것은 물신적이지 않다고 할 수 있다. 또한 가톨릭과 기독교 신앙에서의 예수상이나 십자가 등도 역시 그 자체가 신앙의 대상은 아니다. 역사적으로 이들 신앙에서 구체적 표상(불상, 예수상, 십자가 등)에 신중했던 이유는 신도들의 숭배가 이들 성인의 가르침으로가 아니라 표상 자체로 향하는 것을 경계하기 위해서였다. 이슬람교도들의 우상 파괴는 이러한 경향의 대표적 예이다.

분명 인류의 소위 4대 종교는 물신에 대해 우려와 경계심을 보여 왔다. 하지만 이들이 물신주의를 완벽히 극복하고 있는지에는 의심의 여지가 있다. 그것은 오로지 자신들의 사유 방식과 논리 그리고 교리만을 절대 진리로 믿고 있는 경우 이는 일종의 물신주의에서 완전히 벗어났다고 할 수 없기 때문이다. 앞서 모스가 주술과 종교 사이의 차이보다는 연계를 주장한 것과 달리, 오직 자신의 논리에만 영혼성을 부여하는 종교는 부정적이고 한정된 의미의 '물신'의 차원에 기반한 것으로 보인다. 여기에서 유의할 것은 물신주의는 물건과 인간의 연계에 의한 사유가 아닐 경우 '부정적' 의미의 물신주의에 경도되는 결과를 낳을 수 있다는 것이다. 이런 점에서 '물신주의'라는 용어 또는 개념 자체는 '물신'에 대한 부정적 수준에서 긍정적 수준까지의 스펙트럼을 가진다. 극단적으로 말하자면 '물신주의'를 하나의 개념으로 정의하는 것 자체가 매우 부정적 의미의 물신주의일 수 있다는 것이다. 이 문제는 이후 다시 되돌아와야 할 논의점으로, 여기서는 잠시 접어둘 필요가 있다.

오늘날의 물신주의
- 자본주의

일신교적으로 진화한 소위 '높은 단계'의 종교에서만이 아니라, 오늘날 우리의 일상에서도 물신주의는 완전히 극복되었다기보다는 오히려 더욱 만연하고 그 수준이 강화되어 있다고 해야 한다. 이를 지적하는 대표적 예는 마르크스의 자본주의에 대한 비판에서 볼 수 있다. 마르크스가 『공산당 선언*Communist Manifesto*』(1848)에서 역설하고 있듯이 자본주의 체제 자체는 이제까지 신성시된 것들을, 견고한 전통적 견해와 관습들을 허공으로 날려 버리면서 인간이 그야말로 삶의 가장 적나라한 모습을 대면하도록 했다는 점에서, 일종의 주술적 상태에 대한 비판과 이로부터의 해방을 이끌어 내었다고 평가될 수 있다. 하지만 이는 역으로 인간의 가치 또한 순수한 교환과 거래 관계 속에서 소위 '객관적'으로 파악되도록 하였다. 이에 따라 인간 자체가 상품이 되면서, 특히 노동자는 오직 상품을 생산하는 노동력으로만 인식되는 지경에 내몰리게 되고, 상품과 화폐 그리고 자본 등은 그 자체로 생명을 가지듯 주된 위치를 점하는 주인으로 등극한 것이다.

마르크스는 『자본론』의 제1권 중 한 절을 "상품 물신주의와 그 비밀"(제1권 1부 1장의 4절)로 이름하고 자본주의 사회에서 어떻게 상품이 가장 고귀한 것으로 여겨지게 되었는지를 한층 치밀하게 제시하고 있다.[33] 이에 따르면, 자본주의 체제 속에서 노동자 그리고 그의 노동은 주관적 또는 총체적 차원에서 파악되기보다는 오직 노동 시간이라는 한 측면에서만 이해되게 되며, 이러한 가치 체계가 노동자의 위상과 내용을 결정짓는 기준으로 등장한다. 상품경제에서는 그 가치 척도가 오직 시장의 기준과 연동될 뿐이며, 시장에 의해 반영되지 않는 가치는 점차로 삶의 장에서 배제되어 간다. 여기에서 중요한 것은 자본주의 그리고 이러한 체제하의 모두가 노동자의 가치를 오직 노동력의 관점에서 파악하는 것으로 만족한다는 점이다. 이제 시장에 의해 평가되지 못하는 부분이 있다는 생각은 불가능한 것으로 여겨지게 된다.

　오직 상품으로 구현된 노동력만이 주목받고 그것이 시장에서의 교환 가능성에 의해 그 가치가 정해지는 상황은 노동자 그리고 인간 일반의 존재를 일방적으로 규정하는 결과를 낳는다. 이러한 체제에서 인간은 단지 노동자만은 아니라는, 즉 노동자 역시 단지 노동을 생산하는 존재만이 아니라 여타 다양한 측면을 갖는 총체적 존재라는 점은 더 이상 평가되지 않는다. 이러한 조건 속에서 노동자와 인간은 자신의 노동의 결과와 스스로의 인격으로부터 소외되는 상황을 맞이하게 된다. 이제 상품과 시장 그리고 자본 등은 독립적 지위를 갖는 것으로 파악되고, 그에 대한 의심은 전혀 제기되지 않는다. 이런 점에서 자본주의 체제 자체는 우리 시대의 물신이 되었다고 할 수 있다.

　이러한 사회에서 자본은 이제 "열매를 맺는 나무"에 비유되는 등 사물과 체제 자체가 스스로의 힘을 갖는 것으로 여겨지게 된 것이다. 자본주의 사회에 대해 그 이전 사회가 가지는 차이점은 후자의 경우 인간과 그 산물이 매우 긴밀한 연계 관계, 일종의 유기적 연대의식을 가지고 있었다는 것이다.[34] 이런 점에서 이러한 사회에서의 물신주의가 인간과 사물의 연계를 상정하는 것이었다면, 자본주의 사회의 물신주의는 물건에게 생명력을 부여한 반면 인간에게서는 그것을 빼앗는 논리를 갖고 있다.

마르크스가 자본주의 속에서 또는 우리의 그에 대한 파악에 있어 물신주의적 측면을 지적하는 것은 단지 물질 또는 상품이 마치 생명력을 갖는 것처럼 숭배되는 상황을 부정적으로 보기 때문은 아니다. 그가 강조하고자 하는 것은 상품이 생명력을 갖고, 인간이 생명력을 상실한 채 둘의 관계가 역전되어 있다는 점에 있다. 마르크스 이론에 대한 논쟁점 가운데 하나는 이와 같은 진단이 진정 올바른 것이냐 하는 것이다. 오늘날의 우리는 지극히 일방적으로 인간에 대한 객관적 평가를 시장과 교환 그리고 그 능력의 상품화 가능성에 의해 행하고 있는 것이 사실이다. 그러므로 이 지점에서 분명한 것은 오늘의 우리 역시 이전 시대의 사유 방식에서와 같이 진정한 의미의 탈주술화에는 미치지 못하고 있다는 점이다.

오늘날의 물신주의

– 예술의 아우라

우리 삶에서 주술적 차원의 여지를 안고 있는 대표적 영역을 또 하나 꼽자면 그것은 예술 분야이다. 예술품, 가령 회화작품은 예술이라는 특별한 지위를 부여받으면서, 일상적 소모품이나 상품과는 달리 취급되어 왔다. 일반적으로 예술품에는 작가나 한 시대와 사회의 정신이 스며들어 있는 것으로 여겨진다. 물론 작업자의 수준 높은 기술력과 정성이 들어간 상품에 대해서도 우리는 장인정신을 언급하지만, 아무리 정교하고 잘 만들어진 제품이어도 그것이 자동화된 기계에 의해 만들어진 경우에는 일반적으로 예술품의 지위에 미치지 못한다. 이런 점에서 물건 자체보다는, 그것이 상당한 수준에서 완전성을 갖고 이와 함께 다른 차원, 특히 그것을 만든 작업자와 연계되는 경우 그것은 특별한 지위를 부여받게 된다고 할 수 있다. 물론 이것이 단지 제작과 생산의 측면에서만 유효한 것은 아닐 것이다. 소비의 측면에서도 특정한 물건이 소유자나 소비자 나름의 사연과 깊은 애착을 통해 다른 차원의 위상을 부여받을 수 있을 것이다. 여기에서 다시 한번 확인되는 것은 어떤 물건이 정령적 차원의 힘을 갖는다는 것은 그 자체의 독립성 못지않게 그것이 생성되고 소유되는 과정과 연계된다는 사실이다.

예술의 정령적 차원은 특히 '아우라aura' 개념을 통해 논의되었다. 이러한 논의의 중심에는 독일의 문화 비평가이자 이론가인 벤야민이 있다. 그의 「기술 복제 시대의 예술 작품"Das Kunstwerk im Zeitalter seiner technischen Reproduzierbarkeit"」(1936)은 예술 작품의 아우라의 기원과 변천 그리고 현재의 모습 등에 대한 논의로서 오늘날까지 다양한 분야에 큰 영향을 미치고 있는 글이다.[35] 아우라의 어원은 '숨결'이나 '바람'에서 온 것으로, 어떤 사물이나 예술 작품에 내포되고 발휘되는 특별한 기운이라 할 수 있다. 쉽게 볼 수 있는 것으로는 예수와 부처, 무함마드, 그리고 힌두교의 여신 시바를 시각적으로 표현하는 경우 머리 또는 온몸에서 발하는 빛과 불 등이 그것이다. 물론 이보다는 더 멀리 그리스 신화의 영웅들을 묘사할 때도 가끔 등장한 바 있다. 이렇게 발하는 빛은 다양한 이름(가령 halo, nimbus, aureole, glory, aura 등)으로 불려 왔다. 불교의 부처의 경우 머리 뒷면에 그려진 둥근 원형은 광배光背, 배광背光, 원광圓光 또는 후광後光 등으로 불리는데, 그 원래의 의미와 무관하게, 보는 이에게는 부처라는 존재와 그 깨달음 그리고 이에 따른 영혼의 빛을 표현하는 것으로 다가온다.

이런 까닭에 벤야민이 적시하는 바와 같이 아우라는 종교 현상과 긴밀한 연관 관계를 갖는 것이었다. 그는 예술의 기원이 인간 사회의 전통과 제의식 특히 종교와 긴밀한 관계에 있다고 설명한다. 예술은 이들 전통을 표현하고 또 고양하기 위해 동원되었고 이런 까닭에 이들 체계와 긴밀한 관계 속에서 그 의미의 깊이와 폭을 확보하고 기능할 수 있었다는 것이다. 벤야민에 따르면, 이 긴 예술사에 있어 20세기는 참으로 획기적인 시대인데, 그것은 예술이 이러한 전통으로부터 완전히 벗어난 시기라는 점에서이다. 물론 이러한 과정은 소위 근대 사회와 함께 점진적으로 진행된 측면이 있지만, 그는 가장 획기적인 계기로 20세기에 와서 매우 치밀한 복제 도구들의 등장을 지적한다. 이러한 복제의 대표적 경우가 사진과 영화이다.

19세기 초부터 발달하기 시작한 사진 기술은 19세기 말에 완성 단계에 들어섰고, 그 발달은 영화로 이어졌다. 기존의 풍경화는 화가의 손에 의해 하나하나 그려졌다. 하지만 사진은 매우 기계적인 눈(카메라에서의 한 개의 초점)을 통해 찍히며, 더 나아가 그 하나의 장면을 수없이 동일하게 복제해 낼 수 있다는 점에서 그림과 차이를 갖는다. 이런 점에서 기존의 풍경화는 화가와의 관계, 그리고 한 시간과 공간의 사태를 표현하는 유일한 존재로서의 존재감을 갖는다. 하지만 이와 달리 사진의 경우 그 기계적 면모와 복제 가능성에 따라 어떤 유일무이한 존재감은 지워질 수밖에 없다. 사진에서 훨씬 더 나아가 영화는 더더욱 그 어떤 것이 원본이라고 말할 수 없는 형식이다.

이러한 복제 기술의 발전은 아예 원본의 의미를 거의 희석하는 사태를 가져왔다. 이는 플라톤이 어떤 이상 세계(이데아 Idea)를 상정하고, 이의 복제물이 우리의 현실 세계라고 주장한 것과 정면 배치되는 상황으로, 이제는 오직 복제물만이 있거나 오히려 이러한 복제물이 모여 어떤 이상 세계를 만들어 가는 단계에 도달한 것이라고까지 말할 수 있게 되었다. 물론 이제 이러한 경우는 단지 사진이나 영화에 머물지 않는다. 가령, 미국의 올랜도에 있는 디즈니 월드의 앱콧Epcot은 세계 여러 나라의 전형적 건축물 등을 복제해서 전시한다.

벤야민은 세속 세계의 확대와 함께 예술이 점차 그 전통적이고도 종교적인 연계에서 벗어나게 되었고, 더욱이 복제 기술 등으로 인해 예술은 어떤 고유한 아우라를 상실함으로써 매우 세속적인 존재 즉 사회적 조건들에 맡겨진 존재로 전락하였다는 관찰을 내놓는다. 물론 이러한 세속화에 따른 아우라의 상실이 반드시 부정적인 것만은 아닐 수 있다. 벤야민 역시 제시하고 있는 바와 같이 예술의 세속화와 복제는 오늘날 예술을 대중화와 민주화로 이어지도록 하였기 때문이다. 예술이 비록 아우라는 잃었지만 민주화의 한 표현 기제가 된 것이다.

오늘날의 물신주의
– 아우라의 용도폐기인가? 혹은 아우라의 지속인가?

벤야민의 이러한 주장에 대해 일정한 반론 또한 가능하다. 즉, 사회문화적 상황에 따른 아우라의 훼손에도 불구하고 오늘 현재도 진행 중인 개인의 다양한 예술 행위 등에서 일반 상품과는 다른 아우라가 상당 부분 지속되고 있다고 해야 하기 때문이다. 비록 예술이 종교와 제의식에서 어떤 신성한 아우라를 가져온 전통은 이제 유지되지 않고 있지만, 작가 개인이 예술에게 부여하는 아우라는 최소한 개인적 수준이라는 한정적 차원에서 지속되고 있다고 할 수 있다. 가령, 거리의 화가가 그린 그림에서는 여전히 화가가 직접 그렸다는 어떤 고유한 가치가 느껴진다. 물론, 벤야민은 전반적으로 사진과 영화 장르가 지배적인 시대가 도래하고 있고 이러한 문화적 상황이 어떠한 정치사회적 의미를 갖는가를 주로 다루면서 이에 따라 기존의 예술 형식에 내재해 온 아우라가 사라져 가는 것을 지적하고 있을 뿐이며, 오늘의 예술 모두에서 아우라의 상실을 말하고 있는 것은 아니다.

우리는 앞에서 '선물에 대해 보답하고자 하는 의무감은 어디서 오는가'라는 질문에 답하기 위해, 선물을 하는 이와 그 물건 사이의 유대 관계를 거론하였고, 이는 곧바로 사람과 물건 사이의 정령에 의한 연계에 대한 논의로 이어졌다. 이러한 관계, 즉 선물 관계가 오늘날에도 지속될 수 있는가에 대한 하나의 지침을 위해 우리는 이전 시대의 사물, 특히 예술에 대해 부여해 왔던 일종의 정령적 기운이라 할 수 있는 아우라가 기계가 지배적인 시대에 얼마나 불가능해졌는가에 대한 벤야민의 설명을 참조하였다. 하지만 예술의 아우라에 대해 벤야민의 논지를 한층 더 정확히 요약한다면, 그것은 현대 사회에서 예술적 아우라가 점차 축소되고 있고 위기에 처해 있다는 진단이라 할 수 있다. 이런 까닭에 이 지점에서 우리는 두 가지 사항을 거론해야 한다.

우리는 무엇보다도 오늘날 예술적 아우라가 진정으로 축소되고 위기에 처해 있는가 하는 질문에 답해야 한다. 앞서 우리는 개인의 작업으로서의 예술은 여전히 일정한 아우라를 가질 수 있음을 살폈다. 다음으로 제기될 수 있는 질문은 기계 복제 예술의 경우 아우라가 참으로 상실되는가의 문제이다. 이들에 대한 대답을 위해서는 과연 순수한 기계적 작업이 있는가의 문제가 먼저 고려되어야 한다. 그리고 이에 이어 과연 순수한 인간이 있는가의 문제 또한 거론되어야 한다. 이에 대해서는 오히려 아래와 같은 몇 가지 질문으로 그 대답을 대신할 수밖에 없다.

- 영화의 경우, 가령 이제는 영화의 고전이 된 히치콕Alfred Hitchcock 감독의 영화에도, 오늘날 아무런 아우라가 없는 것인가?

- 사진의 경우에도, 가령 안셀 애덤스Ansel Adams가 미국의 경치를 담은 사진들은 그 어떤 회화보다도 문명 세계에 대비되는 자연 세계의 장엄함과 아우라를 담고 있는 것이 아닌가?

- 결국, 이들 역시 순수한 기계적 모방 이전에 이들 작가가 제시한 원본은 없지만 마치 있는 듯이 존재하고 있으며, 특히 어떻든 이들은 특정 감독이나 사진작가와 연계된다. 이렇게 본다면, 순수한 기계에도 역시 그 장치 뒤에는 인간이 있는 것이 아닌가?

• 더 나아가, 인간 역시 무엇인가를 표현하기 위해서는 도구 즉 기계를 필요로 해 온 것이 인류의 역사 아닌가? 가령 우리가 컴퓨터로 어떤 작업을 한다면, 그것은 인간의 일이나 기계의 일 가운데 일방이 아니라 오히려 이 둘이 결합한 혼종hybrid이 아닐까? 이것은 결국 우리가 연필로 작업하는 경우 또한 그렇지 않을까? 우리는 오늘날만이 아니라 애초부터 (최소한 200만 년 전의 호모 하빌리스에서부터) 하이브리드적 존재가 아니었을까? 일찍부터 인간과 여타 존재의 구별은 도구의 사용 여부를 기준으로 획정한 역사를 갖고 있다. 이런 점에서 인간과 사물은 애초부터 연계되어 왔다는 관점은 기계의 등장을 염두에 둔 아우라의 소멸에 관한 의견을 수정하게끔 하는 것은 아닌가?

• 인간과 사물의 이러한 연계가 인간의 독자성을 훼손하지는 않는다. 이러한 조건은 인간의 유아독존은 부정하지만 최소한 '일정한' 독자성을 부정하지는 않는다. 이런 까닭에 우리는 예술에 있어, 특히 오늘의 예술에서도, 사물과의 연계성 면이나 그 독자성 면에서 상당한 아우라가 지속된다고 해야 한다.

● 이런 점에서, 예술의 독립성과 그 아우라의 내용은 무엇인가? 사실 예술적 아우라의 내용은 측정하거나 확정할 수 없는 깊이와 폭의 울림resonance이라고 할 수 있다. 종교적 예술에서의 무량함은 가령 반가사유상, 특히 그 미소에서 만날 수 있다. 확정할 수 없는 모호함은 예술이 지속되는 이유이기도 하다. 권진규의 테라코타 조각 〈지원의 얼굴〉(1967)[36]은 자신의 제자인 장지원을 있는 그대로 묘사하기보다는 한 개인과 인간 일반의 정신세계가 가질 수 있는 가늠할 수 없는 정신세계를 담아내고 있다. 이렇게 대상을 넘어서는 깊이와 폭으로 인해, 레비스트로스는 예술 그 자체를 '부유하는 기표floating signifier'로 설정한 바 있다.[37] 기계와 복제의 차원에 한층 접근한 경우에도, 가령 예술과 미술 산업의 경계에서 활동한 미국의 팝 아티스트 워홀Andy Warhol의 〈마오Mao〉 연작은 마오쩌둥毛澤東의 초상화를 실크스크린으로 작업한 것인데, 이러한 반복과 복제 작업으로 이루어진 작품들 역시 마오쩌둥의 모습과 초상을 넘어 그의 모호함 속의 신비와 아우라를 오히려 높인 경우가 아닐까?

오늘날의 아우라

- 문학, 그리고 언어 일반

문학의 경우 수많은 우화와 동화들에서 동물이 등장한다. 어린아이들이 장난감, 특히 마치 살아 있는 듯 움직이는 장난감을 좋아하고, 동물들이 많이 등장하거나 의인화된 동물 주인공들의 이야기에 호감을 보이는 현상 등에 대해 다양한 설명이 있어 왔다. 이를 설명하기 위해 단지 인간 역사의 초기 단계와 유아기의 유사성을 거론할 수도 있겠고, 이것을 문학 자체의 초기적 현상으로 거론할 수도 있겠지만, 사실은 단연코 그렇지 않다. 문학적 기법으로서의 소위 '의인화 personification'는 문학에 있어 오랜 전통을 갖고 있고 오늘날의 문학에도 지속되고 있다. 우리의 고전 문학에서 가전문학假傳文學은 허구적인 일종의 '유사' 전기傳記로서, 사람이 아닌 사물 —가령 술, 엽전, 거북 등— 을 마치 중요한 역사적 인물인 양 다루면서, 그 내력과 삶 그리고 역사적 공과功過를 기록하는 전기 형식의 글을 말한다. 신라 시대 설총薛聰이 지은 것으로 알려진 「화왕계花王戒」는 꽃들을 의인화하여 왕의 현명한 판단을 권고하는 설화이다. 여기에서 장미(미인)와 할미꽃(백두옹, 늙은 현자) 사이에 고민하는 모란(꽃의 왕, 신문왕)의 모습은 마땅히 왕이 택해야 할 현명한 선택을 설득하고 있다. 이는 이후 고려 시대의 다양한 전기문학으로 이어지고 있는데, 그 대표적인 경우가 술과 돈을 의인화한 임춘林椿의 「국순전麴醇傳」과 「공방전孔方傳」, 대나무를 의인화한 이곡李穀의 「죽부인전竹夫人傳」, 그리고 지팡이를 의인화한 석식영암釋息影庵의 「정시자전丁侍者傳」 등이다.

　이와 동일한 관점에서 이해될 수 있는 것이 문학의 수많은 수사법들이다. 예를 들어 고대 그리스의 서사시인 『일리아스』에서 용사들의 용맹성은 자주 사자에 비유된다. 적을 향해 내달리고 이들을 물리칠 때 '사자 같은' 용사들은 그들이 사자와 '유사한' 차원에서가 아니라 사자와 '동일한' 차원에 있음을 표현하는 것이었다. 이 순간들에서 용사들은 인간이기보다는 사자였고, 문학적 표현의 진정성은 바로 이와 같은 동일화에서 오는 것이었다. 물론 이러한 표현들이 너무나 자주 사용되고 만연하여 그 신선함과 진정성이 소멸되고 문학적 표현으로서의 가치 또한 상실되는 것이 언어의 역사이기도 하다. 꽃이 속삭이고, 바람이 춤을 추며, 달이 미소 짓고, 별이 윙크하며, 기차는 내달리고, 도시는 잠이 든다. 세르반테스의 『돈키호테』에서 가장 유명한 장면으로 기억되는 에피소드로서, 돈키호테가 풍차를 거인으로 착각하여 돌진할 때 하인인 산초 판사가 그것이 단지 풍차에 지나지 않음을 지적하는 것은 이러한 문학적 과도함에 대한 경고이자 풍자이다. 하지만 이 에피소드는 돈키호테와 같은 상상력을 가지지 못한 산초 판사에 대한 비판의 눈길 또한 담고 있음을 부정할 수 없다.

많은 은유와 비유들은 문학적 표현으로 여전히 유효하다. 사물의 의인화는 동시童詩에서 두드러진다. 유희윤의 동시집 『하늘 그리기』(2004)에서 만나는 「비오는 날」은 아동의 순진무구한 마음으로 세상을 바라본다.

낡은 구두는
젖은 발이 안쓰럽습니다.
젖은 발은
새는 구두가 안쓰럽습니다.

동시는 의도적으로 아동의 눈과 마음으로 세상의 생기를 노래한다. 오웰George Orwell의 『동물농장Animal Farm』(1945)에 등장하는 돼지나 말과 같은 동물들은 이솝 우화에서의 여우나 사자만큼이나 여전히 효과를 발휘한다.

동화나 우화 등의 문학에서와 달리 소위 한층 높은 수준의 문학에서 은유 등의 비유는 더욱 미세한 국면에서 작동한다.

영국의 시인 엘리엇^{T. S. Eliot}의 「J. 알프레드 프루프록의 연가
"The Love Song of J. Alfred Prufrock"」(*Prufrock and Other Observations*, 1917)
는 엄습해 오는 저녁을 "에테르로 마취된 환자"로 묘사한다.

자 그러면 우리 갑시다, 당신과 나,
저녁이 수술대 위 에테르로 마취된 환자처럼
하늘에 펼쳐져 있을 때

Let us go then, you and I,
When the evening is spread out against the sky
Like a patient etherised upon a table

그리고 프로스트^{Robert Frost}의 「담장을 고치며^{"Mending Wall"}」
(*North of Boston*, 1914)에서 자연은 완전히 인간처럼 움직이는
것은 아니지만 최소한 그 내부의 어떤 기운은 담장을, 특히
인간이 쌓아 놓은 담장을 '사랑하지' 않는다고 생각된다.

무엇인가가 담장을 사랑하지 않아,
바닥의 언 땅을 들뜨게 하고,
윗돌들을 햇빛 속에 내동댕이쳐,

사람 둘이 함께 지날 수 있는 틈을 만든다.

Something there is that doesn't love a wall,

That sends the frozen-ground-swell under it,

And spills the upper boulders in the sun,

And makes gaps even two can pass abreast.

이러한 시들이 전적으로 사물에 생명력을 부여하는 것은 아니다. 정확히 말하자면 이들은 사물과 생명체 사이의 경계쯤에서 모든 것을 파악하고자 한다. 유치환의 시 「깃발」(『청마시초』, 1939)에서 깃발은 '아우성'을 발하는 생명체로 완전히 변모된 존재이기보다는 오히려 '소리 없는 아우성'으로 사물과 생물 사이에서 움직이는 까닭에 더욱더 생생하게 다가온다.

이것은 소리 없는 아우성

저 푸른 해원海原을 향하여 흔드는

영원한 노스탤쟈의 손수건

순정은 물결같이 바람에 나부끼고

오로지 맑고 곧은 이념의 푯대 끝에

애수는 백로처럼 날개를 펴다

아아 누구던가

이렇게 슬프고도 애달픈 마음을

맨 처음 공중에 달 줄을 안 그는

이들 시는 사물에 대한 정령적 이해, 한층 정확히 말하자면 무생물과 생물체 그리고 인간 사이의 연계를 하나의 표현 수단으로 되살리고 있다. 이러한 혼동적 상황으로 인해 문학적 인식은 유아적 수준의 산물이자 그러한 수준에 머무는 것인가 하는 질문이 가능하다. 실제로 문학이 사용하는 수많은 비유법들, 가령 은유metaphor와 직유simile는 유아적 혼돈과 유사한 것일 수 있다. "내 마음은 호수", "그대는 나의 태양", "책은 마음의 양식", "침묵은 금", "인생은 여행" 등등의 은유와, "천사처럼 고운 마음씨", "화살같이 빠른 세월", "돌담에 속삭이는 햇살같이", "꽃처럼 붉은 울음" 등등의 직유가 그것이다. 은유의 어원은 그리스어의 'meta'(over)와 'phora'(transfer)가 합성된 'metaphora'로서, 이는 하나의 대상을 다른 대상으로 옮겨 가는 방식을 말한다.

하지만 이와 같은 방식은 제한된 언어로 세계와 삶을 기술하는 데 있어 필수 불가결한 용법으로 보인다. "택시를 잡는다", "약속을 깬다", "결심이 섰다" 등등은 애초에는 은유적 사용이었던 것이 일상화한 것으로 보인다. 이들은 하나의 대상에 사용되는 표현을 다른 대상을 표현하기 위해 옮겨 온 것들로서, 우리가 사용하는 언어의 가장 기초적 법칙이라고 해도 과언이 아니다. 이러한 예에서 보이는 것은 사물과 사물, 더 나아가 이들 사물과 인간의 관계는 무한히 새로운 방식으로 연계되고 있고 언어는 이를 표현하고 있다는 점이다. 이런 점에서 많은 문학적 표현들은 인간 그리고 인간이 접하는 대상들 간의 관계에 대한 탐문이라 할 수 있다. 예술이 어떤 마술적이자 주술적인 특성을 가지고 있다면 바로 이런 점에서이다. 세계의 재주술화로서의 예술은 세계와 인간 사이의 관계의 재구성을 지향한다고 할 수 있다. 예술에 접하는 이들은 예술이 제시하는 것을 기꺼이, 영화관에서처럼 잠시나마 믿고자 하는 의지가 있고, 이로써 이루어지는 공간이 예술 공간이다.

세계 속에서, 특히 오늘과 같은 시장 교환의 세계 속에서도, 이들로부터 일정 수준의 예외적 위상을 지향한다는 점에서 예술은 선물과 상당히 닮아 있다. 물론 그것이 진정으로 시장의 논리에서 벗어나 있는가는 별도의 문제이다. 예술과 선물이 세계 속에서 일면 예외적이거나 잉여적 지위에 있고자 한다는 점에서, 특히 그 도달 여부와 무관하게 이를 추구하고 있다는 점에서, 둘은 동일한 존재 논리를 지향하는 것으로 보인다. 이런 까닭에 우리는 그림을 표구하듯이 선물을 포장하면서, 선물이 하나의 예술이기를 바라는 마음을 품고 있는 것인가? 아니면, 예술과 선물 역시 아우라를 상실하여 표구와 포장을 통해 아우라를 확보하려는 것인가?

4
이제는 선물의 지평에서
사라지는 것들

예술이 여전히 선물의 한 형식일 수 있는 것은 오히려 그것이 오늘의 시장경제 중심의 교환 체제 속에 행해진다는 점에서 그렇다. 오늘날에도 분명 예술은 존재하고 또 지속적으로 산출된다. 유화를 그리기 위해서는 붓과 물감 그리고 캔버스가, 음악 연주를 위해서는 악기와 악보가 필요하고, 이들은 대부분 시장에서 구입할 수밖에 없다. 하지만 이러한 조건 속에서 행해진 예술이 전적으로 시장경제에 얽매여 있는 것은 아니며 물론 이로부터 완전히 자유로운 것도 아니다. 오늘날 우리의 기대에 불과할지 모르지만, 예술은 시장과 교환의 경제 속에서도 이로부터 조금은 자유로운 대상으로 여겨지고 있다고 할 수 있다. 이런 점에서 예술과 선물은 유사한 위상을 점하고 있다. 선물 또한 시장경제 속에서 행해지지만 시장으로부터 어느 정도 벗어나는 자유를 상정하고자 한 기대의 소산이라는 위상을 갖기 때문이다.

우리는 오늘의 선물과 달리, 여전히 교환이 완전히 불가능한 지점에 있는 대상들을 열거할 수 있다. 해와 달은 아직은 시장의 상품으로 나오지 않았고, 이들은 우리에게 절대적 선물의 위치에 있다. 물론 일조권과 달을 볼 수 있는 환경 등은 상당히 시장화되었다고 할 수 있다. 하지만 우리는 이들에게 아무런 반대급부의 의무감을 갖거나 고려하고 있지 않다. 그럼에도 자연환경에 대한 관심과 심려는 우리에게 무한한 선물로 다가오는 것들에 대한 반대급부 내지는 부담감의 소산일 가능성 또한 있다. 시간 역시 교환 불가능한 차원의 자원이다. 물론 이 또한 시장적 대체가 진행되고 있다고 해야 한다. 내 삶의 시간은 재력에 따라 연장되거나 단축되며, 하루하루의 일과에서 돈은 시간과 상당한 교환 관계로 치닫고 있다.

여전히 최소한 상상적으로나마 절대적 선물의 위상에 있는 것의 대표적 예로는 인간, 죽음, 인권, 학문, 인문학, 사랑 등이 있다. 이들이 단순 교환의 대상이 될 것인가 선물로 남을 것인가는 문화의 전개 방식에 달려 있다. 최소한 오늘날에 있어 인간은 교환과 매매의 대상이 아니라는 인권 개념이 보편적으로 받아들여지고 있다. 하지만 이러한 이상적 이념과 달리 우리의 현실 세계는 인간 자체에 가격을 매기고 거래하는 상황에 있는 것도 사실이다. 오늘날 인간은 그 자체로보다는 단지 일정한 노동력과 기술을 갖는 존재로 여겨지는 것이 오히려 일반적인 관례가 되었다. 이런 까닭에 인간이 과연 교환 대상의 예외 지점에서 순수한 선물로 남아 있는지, 혹은 계속 남아 있을지에 대해서는 사뭇 회의적일 수밖에 없다.

인간의 죽음 또한 동일한 궤적을 걷고 있다. 인간 개개인의 죽음은 연장하거나 그 슬픔을 어느 정도 순치시킬 수는 있을지언정, 다른 어떤 사물이나 대상에 의해서도 대체될 수 없이 본인이 맞이할 수밖에 없는 사건이다. 본인의 죽음은 오로지 자신의 것으로 맞이할 수밖에 없다는 점에서 회피나 교환이 불가능한 사안이다. 물론 이에 대한 수많은 유보적 의견 또한 가능하다. 법은 개인의 죽음에 대한 보상 방식을 궁구해 온 오랜 역사를 갖고 있으며, 죽음에 대한 애도의 의례 역시 죽음 자체에 대응하고 교환에 버금가는 과정을 밟고자 하는 시도라고 할 수 있다. 개인 또한 자신의 죽음 자체를 다른 사람이나 특정한 명분을 위해 바치는 행동에 임하기도 한다. 하지만 이들 법률과 의례가 개인의 죽음에 대한 완전한 이해 속에 죽음에 상응하는 대체물이 될 수 있는 것인지는 의문이다. 더 나아가 일정한 명분과 대상을 위한 개인의 죽음은 오히려 그 자체가 하나의 선물로 남는다는 해석 또한 부정할 수 없을 것이다.

지금 이 논의와 같은 학문과 지식은 인류 역사에 있어 오랫동안 상업적 교환의 대상은 아니었다. 그것은 주로 개인적으로나 사회적으로 의미 있는 일로서 궁구하고 이를 세상에 내놓는 다분히 선물 행위적 차원에 있었다. 물론 이러한 학문과 지식을 통해 개인의 명예를 높이고자 한 것도 사실이지만, 그것이 구체적 물품으로 시장에서 교환될 수 있는 성격의 것은 아니었다. 하지만 지적 재산권 또는 지식 재산권 등의 제도에서 보이는 바와 같이 이제 지식 또한 일정한 거래의 대상이 되었다. 이들 제도는 인쇄술의 발달을 계기로 정착되어 온 것으로, 이후 지식은(지금 이 책과 같이) 책이라는 구체적 물건으로 교환 시장의 한 품목이 되었다. 우리가 흔히 접하는 다수의 지식들은 아직은 그 소유권과 관계없이 거의 무상으로 유통되고 있다. 이러한 지식이 미래 세계에서도 지속적으로 시장경제 내에서 선물과 같은 위치로 유통될지는 또한 지켜볼 일이다.

V

선물론에 대한 반론과
그 발전적 전개

선물의 실제 모습, 삶 속의 실제
─ 부르디외가 제기하는 비판

우리는 앞에서 순수 선물과 이러한 위치에서 교환 상품으로 옮아가고 있는 것들을 살펴보았다. 하지만 이는 단지 논의의 편의를 위한 것일 수 있다. 다시 말하자면 오늘날 대다수의 선물은 순수한 성격의 선물과는 거리가 먼 것들일 가능성이 높기 때문이다. 그럼에도 법은 선물과 뇌물을 구별하는 데 있어 상당한 주의를 기울인다. 엄격한 의미의 선물은 어떠한 반대급부도, 심지어는 감사의 마음조차 기대되어서도 안 되고 또한 행해져서도 안 된다는 것을 그 기준으로 한다. 하지만 이러한 의미에서의 선물은 오늘날에만 이루어질 수 없는 것이 된 것은 아니다. 모스의 가장 중요한 논지 가운데 하나는 선물은 이미 원초 사회에 있어서도 순전한 의미의 선물이 아니었다는 것에 있다. 달리 표현하자면, 선물은 받은 이에게 어떤 부담감을 주지 않아야 한다는 순전한 생각과 달리 예나 지금이나 실제에 있어서는 심적이자 실질적인 부채의식을 유발해 왔다. 이는 한편으로 선물은 실제 세계에서는 순수한 개념적 차원에서 행해지지 않는다는 것을, 다른 한편으로 선물은 항상 오염된 차원에서 행해질 수밖에 없다는 것을 말하는 것이기도 하다. 이러한 차원에서 모스의 논의를 확장하고 이로부터 더 나아가 이에 대해 비판적 시각을 제시하고 있는 대표적인 경우로는 프랑스의 사회학자인 부르디외Pierre Bourdieu(1930-2002)의 논의를 들 수 있다.[38]

대상에 대한 개념적 이해에서 최대한 벗어나 한층 실질적인 이해를 강조하는 부르디외는 우리가 논의하고 있는 선물의 문제와 직접적 연관성을 갖는다. 이 점에 있어서도 우리는 그의 문제의식을 점검할 필요가 있다. 부르디외는 사회학자이다. 사회학은 방법론에 있어 어떤 대상에 대한 개념적 이해보다는 그것이 실제 사회에서 어떻게 작동하는가에 더욱 관심을 집중하고자 하는 연구이다. 이런 점에서 그것은 한편으로 인류학적 관찰과, 다른 한편으로 철학적 사유와는 차별성을 갖고자 한다. 인류학으로서의 모스의 연구가 특정 사회들에 관한 관찰과 보고에 역점을 두면서 오늘의 사회에 대한 제안을 일정한 함의에 한정하고자 한다면, 사회학의 경우는 오늘의 사회 현상에 대한 연구와 함께 그 정치경제적 배경 그리고 이들 분석에 기초한 제안 또한 매우 구체적이다. 더불어 이러한 구체성은 철학적 사유와 달리 어떠한 대상에 대한 개념적 궁구보다는 현실적 모습의 점검에 더욱 역점을 두고자 한다. 가령 부르디외의 경우, 아름다움이란 무엇인가 하는 미학은 철학적 궁구의 대상이기보다는 한 사회가 어떠한 기준에 의해 아름다움을 설정하고 이러한 아름다움은 사회 구성원들에게 어떻게 받아들여지고 작동하는지를 탐문한다.

부르디외 사회학의 한 특징은 사회에 대한 해석만이 아니라 사회의 변혁 가능성에 대한 고심과 탐문에 있다. 그것은 구조주의적인 방법론이 자못 사회에 대한 분석에 그치고, 마르크스주의적인 방법론이 지나치게 경제적인 측면에 치중하면서 일상의 작은 실천과 변혁의 틀을 제시하지 못한 것에 대한 대안적 노력이라 할 수 있다. 이런 점에서 그는 구조주의와 마르크스주의의 틀이 강조하는 객관적 조건의 힘을 인정하면서도 인간, 특히 개인의 행위가 이러한 틀에 행사할 수 있는 힘에 대한 궁구에 집중한다. 이를 위해 그의 사회학은 가장 거시적인 사회 공간social space에서부터 가장 미시적인 개인의 실천practice에 이르는 단계들을 점검한다.

부르디외의 구도에 따르면 사회적 공간은 다수의 장場, champ, field으로 이루어지고, 이러한 장의 실질적 힘 또는 자원은 다양한 형태의 자본들이다. 사회, 경제, 문화 자본으로 대별될 수 있는 이들 자원은 단지 경제적 측면만이 아니라 상징 자본capital symbolique, symbolic capital의 측면에서 파악된다. 다양한 자본을 상징 자본이라는 포괄적 차원에서 파악하고자 한 것은 사회의 가치 판단과 생산적 특성은 단지 물리적 자원이 나 자본만이 아니라 오히려 다른 구성원들의 평가에 의존하 는 측면 또한 크기 때문에 이에 주목하고자 하는 용어 선택이 다. 이러한 자본을 기반으로 형성되는 것이 개인의 '아비투스 habitus'이다.

아비투스는 부르디외 사회학에서 중심적인 개념 가운데 하나이면서도 쉽게 확정되지 않는 내용을 갖는다. 우선 사회 적 구조로의 장과 실천하는 개인의 아비투스는 상호 영향 관 계에 있다고 할 수 있다. 어원적으로 아비투스는 영어의 '버 릇habit'과 유사한 측면이 있지만, 부르디외의 이 개념은 단순 히 개인적인 '버릇'보다는 훨씬 사회적인 성격을 지칭한다. 아비투스의 개념은 일찍이 모스에 의해서도 사용된 바 있는 데, 그는 육체적이고도 심리적인 그리고 사회적인 모든 측면 에서의 개인의 행동 양식을 지칭하기 위해 사용하였다. 아비 투스가 개인에게 체화된 것이기는 하지만 단지 버릇이기보 다는 사회적 조건과 훈육에 의한 것이라는 점은 모스에서도 함의되어 있다. 부르디외는 이 개념을 훨씬 더 사회학적인 측면에서 살피고 그 성립 조건과 기능 등에 대해 한층 구체적 으로 사유하는 측면이 있다.

개인의 아비투스는 가령 개인의 사회적 지위(상징 자본)에 따라 다른 행동 양식을 체득하는 것이 그 가장 단순한 한 예이다. 하지만 아비투스가 단지 사회적 조건에 따라 심어지고 체화되어 표현되는 것만은 아니며, 그것은 자신이 속한 장에 어떤 변화를 줄 수 있는 능력을 말하기도 한다. 이런 점에서 아비투스는 피동적으로 구조화된 것이기도 하지만 장을 구조화하기도 하는 능동적인 실천적 요소이다. 이를 달리 표현하자면 아비투스와 상징 자본의 적절한 결합은 개인적 실천을 산출해 낼 수 있다는 것이다.

이렇게 개인의 아비투스는 구조에 의해 완전히 피동적이지도 않고 완전히 능동적이지도 않다. 가령 운동선수들의 아비투스는 운동 경기의 규칙과 환경과의 관계에서 설명할 수 있다. 축구는 축구라는 경기의 규칙을 잘 아는 이들에 의해 행해진다. 특히 축구선수의 경우 경기의 규칙은 심적이자 육체적으로 거의 체화되어 있어 규칙의 절대성을 의심하기보다는 우선은 이를 준수하며 경기에 임한다. 이런 점에서 축구 경기의 규칙은 축구선수 개인에게는 아비투스의 차원에서 체화되어 있다. 하지만 축구의 경우에도 선수가 규칙에 완전히 피동적인 위치에 있지는 않다. 럭비의 기원이 말해 주듯이 경기의 규칙은 바뀔 수 있고 다른 종류의 경기로 변환되어 갈 수 있다. 축구선수들은 단기적으로는 그 규칙이 변함이 없지만 역사적으로는 변경되어 왔음을 잘 알고 있다. 아마도 축구 초심자에게 가장 어려운 규정인 오프사이드 offside는 이러한 역사를 잘 반영한다. 단순화하자면 운동 경기의 규칙과 운영은 장기적으로 경기자와 관람자에 의해 바뀌어 왔다는 것이다.

사회 구조와 개인의 아비투스를 설명하는 데 있어 운동 경기는 명확하지만 국지적인 비유일 수 있다. 하지만 또 다른 예를 덧붙이면 그 설득력은 더해진다. 가령 예술 분야는 더욱 정확한 예가 될 수 있다. 예술 분야에서 규칙은 아주 범박하게 존재한다. 전통적으로는 물감과 조소 등의 재료에 의한 표현이 미술의 방식이었고, 악기와 목소리 등의 도구에 의한 표현이 음악의 방식이었다. 하지만 현대에 와서 이러한 방식과 수단은 지속적으로 확대되고 또 파괴되어 왔다. 즉, 예술가 개인의 아비투스는 예술이라는 분야에 의해 훈련되면서 동시에 부단히 그 규칙을 바꾸고 벗어나는 실천 또한 해 오고 있다. 그것은 예술의 장에 의해 정립되면서도 동시에 이러한 장의 내용을 바꿔 나가고 있는 것이다.

그렇다면 부르디외가 설명하는 개인의 아비투스와 선물은 어떤 관계에 있는가? 사실 부르디외는 선물에 대해서도 비록 간략하지만 매우 중요한 논점을 제시하고 있다.[39] 이에 따르면 선물은 개인이 아비투스에 따라 행하는 대표적 사례이다. 그가 선물 행위에서 무엇보다도 먼저 주목하는 것은 선물 교환에서의 시간적 격차이다. 선물 교환이 다른 재화의 교환과 다른 점은 주고받기에 있어 시간의 경과를 필요로 한다는 것이다. 선물을 받자마자 즉각적으로 이에 대응하는 선물을 건네는 것은 선물에 대한 무례이고 선물을 성립시키지도 않는다. 부르디외에 따르면 선물의 성립 요건은 이러한 시간적 격차일 뿐, 그 이외의 차별성은 존재하지 않는다. 더 나아가 우리는 이 정도의 차별성이 일반 재화와 선물 교환을 구별해줄 수 있을 것으로 믿고 있다. 특히 그것은 개인적 믿음 이전에 집단적 믿음이며, 그러한 (최소봉대의) 집단적 믿음은 일종의 집단적 최면 혹은 자기기만에 가깝다. 이러한 상황은 단지 순수한 경제적 재화 또는 자본 못지않게 상징적 자본이 위력을 발휘하는 전형적 모습이다. 가령, 상품이 선물로 포장되어 제공됨으로써 단지 경제적 가치만이 아니라 상징적 가치로 격상되는 측면을 갖는다는 것이다. 이런 점에서 선물은 상징적 폭력으로까지 판단될 수 있다.

선물의 위치는 자유와 강제, 경제와 비경제, 이기심과 이타심 등의 경계점 내지는 이들의 초월 지점에 있는 것으로 파악

V. 선물론에 대한 반론과 그 발전적 전개

될 수 있다. 하지만 이러한 이분법적 구도 너머의 제3항의 내용은 모호성에 있다고 말할 수 있다. 이것이 부르디외의 선물에 대한 판단의 주요 내용이다. 이러한 모호성은 단지 경제적 구조만이 아니라 이에 덧붙인 상징적 차원 즉 문화적 차원에서 위력을 발휘한다. 이런 점에서 선물은 어떤 이상이기보다는 모호성 속에 불편하게 유지되는 억압적인 제도로 인식되어야 한다. 한층 더 정확히 말하자면 이를 통해 그는 이상화된 대상의 내면 또는 이면에 대한 궁구를 주문하고 있는 것이다. 선물제도의 경우에도 부르디외는 그것이 작동하는 사회적 조건 즉 선물경제를 창출하는 정치사회 체계에 대한 면밀한 탐문을 요구하고 있다.

선물이 사회의 장에서 단지 물질적 교환이 아니라 상징적 교환으로서 개인적 자유의 여지를 인정하는 모호성이 아니라 오히려 경제적 측면을 능가하는 상징적 억압의 측면을 갖는다면, 선물에는 장을 변경하는 능동적 아비투스가 존재하지 않는 것인가? 선물에 관한 한 부르디외는 모스와 달리 그리고 우리가 그의 아비투스 개념에 기대하는 바와 달리 그 능동성의 여지보다는 피동성을 더 경고한다. 이것은 사회학자로서의 그의 모습이라고도 할 수 있는데, 표면적이자 개념적 차원의 선물의 위상과는 달리 그것의 사회적인 억압적 측면에 대한 경고인 것이다. 그의 아비투스론은 무엇보다도 자연스러운 것으로 인지되는 사안에 대한 의문 제기와 의식적 탐문을 요구하면서, 개념에 대한 이론적 차원에서의 논의가 아니라 실질적 차원에서의 관찰과 추궁을 통해 현실 사회의 장의 변화를 더욱 기대할 수 있다는 논지를 담고 있다.

2

불가능의 가능성
— 데리다의 선물의 해체

모스의 선물론에 대한 가장 극단적인 비판이면서도 그 함의를 한층 확대해 나간 평가로는 프랑스의 철학자 데리다 Jacques Derrida(1930-2004)의 논의를 들 수 있다. 그는 모스의 선물론이 정작 "선물을 제외하고 모든 것에 대해 말하고 있다"고 비판한다. 이러한 비판이 갖는 진정한 의미는 그 배경과 함께 이해될 필요가 있다.[40]

데리다는 모스의 선물론이 경제, 교환, 계약, 희생, 보답 등 모든 것을 거론하지만 이들은 모두 선물 행위를 발생시키고 또 소멸하게 하는 것들이자 궁극적으로 선물 외적인 것일 뿐,

선물 그 자체에 대한 설명에는 미치지 못하고 있다고 주장한다. 이에 따르면 선물에 관련되는 사항들인 포틀래치, 주고받는 과정에서의 의무감, 그리고 의식과 전쟁에서의 희생 등등은 단지 선물의 외곽 내지 부산물로 이들 역시 선물 과정에서 나름의 역할을 하면서 소멸되는 것들이다. 데리다는 이러한 상황의 가장 극적인 예로 시간을 든다.

　모스가 지적하고 있듯이 선물과 일반적 교환과의 차이를 결정하는 중요한 요소 가운데 하나는 선물을 주는 시점과 이에 보답하는 시점 사이의 일정한 간격이다. 이는 앞서 부르디외에 대한 논의에서 이미 거론된 사안이지만, 데리다의 논리를 이해하기 위해서는 반복이 불가피하다. 오늘의 시장에서 우리가 물건을 받고 곧바로 돈을 지불하듯이, 일반적 교환 행위에서 주고받기는 즉각적이다. 하지만 선물 행위에서 이와 같은 즉각적 보답은 무례한 것이고, 선물 행위를 상업적 거래처럼 보이게 하는 것으로 금기시되는 행위이다. 최소한의 일정한 시간적 간격이 일반적 거래와 달리 선물 거래가 갖는 특징임이 분명하다면, 시간은 선물과 일반적 거래의 구별점인 것인 만큼이나 시간 그 자체가 선물이라는 논리를 낳는다. 이 논리에 따르면 결국 우리는 시간을 선물하는 것일 뿐이므로 '과연 시간을 선물할 수 있는가'라는 당혹스러운 질문에 봉착한다.

우리는 다른 사람을 위해 귀중한 시간을 할애한다. 하지만 시간 그 자체는 어느 누구에게도 속한 것이 아니며, 정작 줄 수도 받을 수도 없는 대상이다. 시간을 할애한다는, 즉 준다는 것은 시간에 의해 측정되는 다른 어떤 부수적인 것을 준다는 의미일 뿐이다. 우리가 누군가에게 시간을 내서 준다는 것은 단지 선물 현상의 한 측면으로 그것이 선물 자체는 아니며, 선물 그 자체와 선물 현상은 구별되는 것임을 말해 준다. 데리다는 이 사안의 함의를 인간의 사유와 행동 일반을 설명하는 도구로 활용한다. 즉 우리의 생각, 언어, 욕망은 이에 대한 이성적 논리, 철학, 과학과 차별성을 보이고, 이는 선물 행위와 교환경제의 차이에서 동일하게 작동한다는 것이다. 그에 따르면, 시간을 할애한다는 등등의 선물 행위는 근본적으로 성립 불가능하지만, 우리가 그 존재를 믿는 '초월적 환상 transcendental illusion'이라 해야 한다. 그것은 우리의 일상의 경험, 지식, 과학, 경제 그리고 철학 자체의 한계를 넘어서는 어떤 믿음 또는 집단적 신념의 다른 이름으로, 이러한 기준을 적용할 경우 선물은 항상 유사 행위simulacrum로만 존재한다.[41]

데리다가 주도한 해체론은 우리가 사용하는 일반적 개념들의 의미가 견고하게 구축되어 있는 것은 아니라고 주장한다. 우리가 사용하는 개념들은 다른 개념들과의 관계망 속에서 의미를 갖게 되며, 이러한 관계적 상황은 개념의 견고성 못지않게 유동성의 원인으로 작용한다. '사과'의 정확한 의미를 알기 위해 국어사전을 찾아보면 "사과나무의 열매"라고 정의되어 있다. 이제 우리는 '사과나무'와 '열매'를 이해해야 하고, 이들에 어떤 의미가 있는지를 찾아보아야 한다. 사전에 따르면 '사과나무'는 "장미과의 낙엽 교목. 잎은 어긋나고 타원형 또는 달걀 모양으로 톱니가 있다"라고, 또 '열매'는 "식물이 수정한 후 씨방이 자라서 생기는 것"이라고 설명되어 있다. 이제 우리가 '사과'의 정의를 명확히 하기 위해 찾아야 할 항목은 기하급수적으로 늘어난다. 물론 조금은 과장된 예이지만, 어떻든 이는 이러한 관계망에서 단 한 가지 요소의 의미 변화가 '사과'의 의미를 바꿀 수 있는 상황을 말해 준다.

데리다에 따르면 모스 역시 선물이라는 개념을 설명하면서 필연적으로 선물 그 자체보다는 선물의 관계망 또는 선물에 버금가는 행위들을 기술할 수밖에 없었다. 모스는 우리가 선물이라 부르는 대상과 행위에는 '일반적' 관념과는 달리 선물 개념에 개입할 수 없는 의무감이 부가되어 있다고 설명한다. 하지만 그렇다고 해서 모스는 우리가 실제로 행하는 선물이 선물의 기준에 미치지 못하고 있다고 주장하는 것이 아니라, 선물 행위의 내적 속성 가운데 하나로 받는 이의 주고자 하는 의무감을 지적하고 있는 것이다. 이런 가운데 데리다는 어떻든 모스의 논의에서 한편으로 선물이 의무감에서 생성되는 것이고 다른 한편으로 선물이 이러한 의무감에서 벗어날 수 없다는 것인바, 이는 모스가 최소한 순수한 의미의 선물—이 성립 불가능한 개념—또한 전제하고 있음을 강조한다.[42]

이런 까닭에 표면적으로 선물에 대한 논의에 있어 모스와 데리다는 단연 대립되는 것으로 보일 수 있다. 하지만 모스는 자신의 논의에서 순수한 의미의 선물을 상정하기보다는 원초 사회에서 선물이 행해지는 양상을 보여 주면서 선물의 실제 모습을 기술하는 것에 주력하였다. 반면, 데리다는 철학적 사유 속에서 순수한 선물 행위의 불가능성과 부재를 매우 미세한 논리로 강조하고 있다. 이런 점에서 이 두 설명은 일정한 대척점을 이룬다고 할 수 있지만, 이들은 애초부터 선물은 순수하지 않았으며 우리가 순수한 의미에서 생각하는 선물은 존재하지 않는다는 결론에 있어서는 구별되지 않는다. 모스와 데리다 모두의 경우 선물은 (순수한 의미의 선물은 논리적으로 그리고 현실적으로 불가능하다는 점에서) 오염된 채 행해지고 있다고 할 수 있다.

하지만, 철학자인 데리다가 선물을 예로 들어 강조하고자 하는 것은 선물에 대한 존재론이라 할 수 있다. 앞서 살핀 바와 같이, 개념으로서의 선물은 오염된 채로 논리적 모순과 부조리함 속에 있지만, 일상사에서 우리는 어떻든 선물을 선물로 인식하고 또 인정하며 살아가는 만큼, 현실 사회의 선물은 항상 '불가능'하다는 논리 속에 미완으로 '존재'한다. 모든 존재는 그 자체로 완성적이지 않고 항상 미완성과 유동의 조건 속에 존재한다는 이러한 주장으로 인해 데리다는 자신의 존재론ontology을 유령론hauntology이라고까지 부르고자 한다.[43]

선물은 불가능으로 혹은 부재로 존재한다는 논리는 독설에 가깝지만, 그것의 현실적 의미는 상당한 의의를 갖는다. 데리다의 논리에 따르면, 가령 우리가 익히 잘 알고 있고 당연시 여기는 '민주주의'는 현실에서는 완전히 실현되지 못하고 있고, 온전히 실천되고 있지도 못하며, 항상 완성의 차원으로 열린 개념일 뿐이다. 그의 이러한 입장은 민주주의가 아직 완성되지 않았다는 것, 바로 이러한 논리가 민주주의의 완성을 위해 더욱더 필요하다는 전망으로 해석된다. 우리의 현실을 작동시키는 것은 완성된 개념이기보다는 항상 불가능하고 유동적인 것으로, 이를 통해 지속적인 잉여 산출 또한 가능해진다.

환대歡待, hospitality의 윤리 또한 데리다의 논리를 이해할 수 있는 하나의 예다.[44] 환대란 전통적으로 우리가 익히 아는 사람은 물론 낯선 사람을 따뜻하게 맞이하는 관습에서 잘 나타난다. 선물의 논리 속에서 설명하자면, 이는 사람을 선물로 흔쾌히 받아들이는 것이라고도 할 수 있다. 낯선 사람을 무서워도 하지만 기꺼이 받아들이고 대접하는 것은 인류의 오랜 관습 가운데 하나로 이어져 온 역사를 갖는다. 물론, 경우에 따라서는 낯선 사람이 나의 집에 며칠 묵어가는 정도는 허용하고 또 환대할 수 있겠지만, 만약 그 사람이 영원히 머물겠다고 하면 문제는 달라진다. 가령 오늘날 국제적 난제가 되고 있는 난민 문제의 경우, 난민을 받아들이는 국가는 이들에게 일시적 체류는 허용할 수 있지만 시민권을 부여하고 영원히 머물게 해야 하는가에 대해서는 현실적 여건에 따라 쉽게 관용의 미덕을 기대할 수는 없는 상황이다. 일상의 삶에서 그리고 국제적 여건 속에서 환대는 더 이상 우리가 실천할 수 없는 미덕에 불과하며, 이런 까닭에 이제는 거의 폐기되어야 할 개념으로 여겨질 수 있다.

데리다 역시 '환대' 개념 자체는 현실적으로는 항상 불완전한 상태의 개념이거나 온전히 실천될 수 없는 개념이라고 설명한다. 이상과 실천의 괴리라고도 할 수 있지만, 그가 이러

V. 선물론에 대한 반론과 그 발전적 전개

한 예에서 강조하는 것은 개념은 항상 불완전한 상태 즉 유령과도 같은 상태이자 불가능한 상태이지만, 이런 가운데 현실적 실천은 또 가능하다는 것이다. 불가능한 수준의 개념인 '환대'가 설정되기에, 현실적 수준의 온전하지 않은 '환대'가 가능하다는 논리인 것이다. 이런 점에서 '불가능'은 항상 무수한 시도와 가능성을 창출하는 에너지이기도 하다. 이러한 데리다의 논리는 순수한 의미의 선물이 불가능하지만 그러한 불가능성이 오히려 현실의 수많은 선물 행위를 창출하는 것이라는 논리로 귀결하고 있다.

모스의 연구는 원초적 사회를 단지 인류가 이제는 회복할 수 없는 순수성이나 이상향의 관점에서 그리고 있지는 않다. 그는 오늘의 우리처럼 이들 사회에서도 반대급부를 기대하지 않는 선물 행위는 실질적으로 존재하지 않으며, 선물은 오히려 보답해야 할 의무감을 부여한다는 것을 가장 먼저 강조한다. 이런 가운데 모스가 특히 주목하는 것은 선물 자체보다는 선물의 교환 행위이다. 모스의 선물론은 인류사에서 교환이 이루어 내는 공동체 그리고 그 안의 개인적 주체 설정 과정과 그 의미에 관한 다양한 암시를 담고 있으며, 이런 점에서 냉혹한 자본주의적 교환 체계가 인류사에서 유일한 것도 또 가장 바람직한 것도 아님을 역설한다. 더 나아가 모스의 논의의 이면에는 원초적 사회의 선물 교환 또한 '순수한' 의미의 선물은 아닌바, 자본주의적 교환 또한 선물 교환의 절대적 반대 항이거나 이러한 체제가 선물이 전혀 성립할 수 없는 공간은 아니라는 의견 또한 담겨 있다. 이런 점에서 데리다와 모스의 선물에 대한 견해는 결국 동일한 지점을 향하고 있다.

3

이기심에서 창조적 이타심으로

일상에서 선물을 주는 행위는 받는 사람을 향한 이타심의 전형적 예이다. 이타심은 본인의 안전과 행복보다는 타인의 그것을 우선시하고 배려하는 마음을 일컫는바, 일반적으로 이기심의 반대 항으로 정의될 수 있다. 인간이 자신의 생존과 행복을 가장 먼저 염려하는 존재인 것은 지극히 당연한 사실로 받아들여져 왔다. 하지만 우리는 우리 자신이나 타인이 가끔은 이타심을 갖거나 이타적 행위를 하는 것을 경험하는 것 또한 사실이다. 이런 가운데, 모스의 선물론은 인간의 이기심과 이타심을 극단적 반대 항의 논리보다는 뫼비우스의 띠처럼 얽힌 가운데 파악하는 전형적 예이다.

인간의 이기심은 지극히 자연스러운 것으로 여겨진 만큼, 그에 대한 논리와 예는 굳이 열거할 필요가 없을 정도이다. 이런 까닭에 인간이 어떻게 이타심을 갖거나 이타적 행위를 하게 되는가에 더 많은 학문적 논의가 집중되어 왔다. 인간의 이기심은 특히 생물학적 또는 본능적 차원에서 당연시된 까닭에, 이타심의 발현에 대한 논의 역시 생물학적 차원에서 그 근본을 물을 수 있다. 다윈의 『종의 기원』은 자연 세계 속에서 생물학적 개체가 아니라 집단으로서의 종種. species의 생존과 번식을 설명하고자 하였다. 그런 만큼, 여기에서 유추되는 것은 자기 집단으로서의 종의 번성을 위해 그에 속한 개체의 적응력과 함께 집단을 위해 스스로를 희생하려는 본능이다. 이에 대한 가장 체계적인 반론은 종 내 개체 사이의 경쟁 관계를 넘어 종과 종 사이의 상호 의존과 협력을 강조하고자 하는 크로포트킨Peter Kropotkin의 '상호 부조론'을 들 수 있을 것이다. 다윈과 크로포트킨의 주장 가운데 하나를 택하거나 이를 종합하는 결론을 도출하는 것은 분명 어려운 일이지만, 개체 그리고 집단 사이의 투쟁 또는 협력의 문제는 최소한 이들 단위에서 이기심과 이타심의 차원을 변별하는 것이 분명치 않을 수 있음을 말해 주고 있다.

'이타심^{altruism}'이라는 용어는 진화론의 본격적 등장에 앞서 1850년대 초부터 프랑스의 사회학자인 콩트^{Auguste Comte}가 사용하기 시작하였다. 물론 인간의 이타적 성향의 존재 여부와 그 성격에 대한 논의는 긴 역사를 갖는다. 사회적 측면에 있어 이타주의의 근원을 궁구해 온 방식은 크게 이성적 차원과 감정적 차원으로 대별된다. 개인이 타인에 대해 이기심을 넘어 이타심을 갖게 되는 근원을 전자는 개인의 이성적 판단에, 후자는 개인 간의 감정적 교감에 역점을 두어 설명하고 있다.

동서고금의 윤리적 황금률^{Golden Rule}은 "내가 대접받고자 하는 바와 같이 남을 대접하라"는 예수의 조언이나 "내가 원하지 않는 것은 남에게도 시키지 말라^{己所不欲 勿施於人}"는 공자의 말로 표현된 바 있다. 이는 한층 더 논리적으로 "네 의지의 준칙이 언제나 동시에 보편적 입법의 원리로서 타당할 수 있도록 행동하라"는 칸트의 정언명령^{定言命令}으로 공식화된다. 단순화된 극단적 예를 들자면, 인간 사회에서 서로가 서로를 속이고 거짓말을 하는 행위 또한 인간 사회의 법칙과 준칙이 될 수 있지만, 한층 바람직한 준칙은 정직하고 서로를 존중하는 것일 수밖에 없다는 것이 칸트의 논변이다. 이런 점에서 다양한 황금률과 칸트의 정언명령 등이 제시하는 이타적 이해는 사회 내의 개인의 이익과 상호 호혜를 보장하는 이성적 이해와 판단에 따른 것이다.

이타심의 근원을 이성보다는 감정의 측면에서 살피고자 하는 논의들은 개인과 개인 사이의 상호 교감empathy과 동감sympathy을 강조한다. 애덤 스미스는 『국부론』에서 개인의 자유로운 이기심의 발현이 사회 공간 속에서 조화와 상호 발전을 향한 동인이 될 수 있다고 강조하였지만, 이보다 앞서 『도덕감정론』에서는 서두에서부터 인간이 감정적으로 서로 희로애락을 함께하는 것을 자연스러운 현상으로 설명하고 있다.[45] 이성적 판단에 앞서 인간은 감정적으로 연계되어 있다는 스미스의 주장은 오늘날 신경생리학에서의 '거울신경 체계론'에서도 구체적으로 재확인되고 있는데, 이에 따르면 인간 등의 영장류는 타자의 외형적 행동에서 즉각적이자 상당한 정도로 그 행동의 의도와 감정을 파악하는 '거울신경'이라 일컬을 수 있는 체계를 내장하고 있다는 것이다.

이타심에 대한 이성적 이해는 그것이 결국 상호 호혜의 차원에서 형성되고 수용되는 것임을 강조한다. 이와 달리 이에 대한 감정적 이해는 이성에 앞서, 혹은 이성적 판단에도 불구하고 인간의 감정적 유대가 이타심을 낳는 것임을 강조한다. 여기에서 다시 되짚어 보자면, '이타심'은 자신보다는 타인을 먼저 생각하고 배려하는 것이다. 이러한 기준에 따르자면 이성적 판단에 따른 이타심은 순수한 의미의 이타심이라 할 수 없고, 감정적 흐름에 따른 이타심 역시 거의 자연스러운 움직임과 마음이라는 차원에서 행해지는바 즉 어떤 의식과 마음이 없기 때문에 진정한 의미의 결단에 의한 이타심이라고 할 수 없다. 이러한 까닭에 이성주의적 범주의 이타심에서 필요한 것은 감정적 흐름이고, 감정주의적 범주의 이타심에 필요한 것은 이성적 의식이라는 논리 또한 가능하다. 결국 이러한 구도의 교훈은 이타심에 대한 이성적 판단과 감정적 교호는 상호 배제적이기보다는 오히려 상호 요구적이자 보완적 논리 속에 있을 수밖에 없다는 점이다.

이타심의 기원에 대한 논의가 이러한 상황이라면, 이타심의 사회적 실천에 대한 논의 역시 살필 필요가 있다. 이타심의 사회적 실천이라 함은 그것의 기원에 대한 논의를 뒤로하고 이의 사회적 발현을 권장하고 제도화하려는 노력이라 할 수 있다. 이타심이 사회적으로 실천되거나 실천되지 못하는 사례와 이에 대한 논의는 매우 다양하게 진행되어 왔다. 맹자의 측은지심惻隱之心은 우물에 빠지는 아이를 보게 되면 당연히 측은한 마음이 발동해 아이를 구하게 된다고 말한다. 그럼에도 1964년 뉴욕 주 퀸즈에서는 한밤중에 젊은 여성이

길 위에서 무참히 살해당하면서 구원을 요청하는 절규에도 불구하고 수많은 이웃이 자신의 집에서 그녀를 그저 바라만 볼 뿐 아무도 직접적으로 구출하려는 노력을 보이지 않았다. 이 키티 제노비스Kitty Genovese 사건은 소위 방관자 효과bystander effect(제노비스 신드롬)의 전형으로 지금도 세계 각지에서 동일한 사례가 발생하고 있다. 이와 반대로 나치스의 점령하에 자신과 아무런 관계가 없는 유태인을 구한 수많은 사례도 회자되고 있다. 이에 대한 본격적 연구는 이러한 미담의 주인공들이 대단한 계기나 판단에 의거하기보다는 오히려 이를 단지 평범한 인간으로서의 평범한 행동으로 인식하고 있었다고 보고하고 있다.[46]

이런 까닭에 이타심의 경우 그 근원과 함께 이의 사회적 발현 양상을 탐문하는 것보다 더욱 시급하고 효율성 있는 실천으로 그 사회제도화가 위중하다는 주장이 대두된다. 자발적 이타심의 제도화와 그 효율성에 대한 대표적 연구는 티트머스Richard Titmuss의 『선물 관계The Gift Relationship: From Human Blood to Social Policy』(1970)이다.[47] 수혈에 필요한 혈액 공급에 있어 자발적 기증과 상업적 구매 사이의 상대적 효율성을 논한 이 연구는 일반적 예상과 달리 오히려 자발적 헌혈에 기반한 시스템이 더 효율적임을 주장하고 있다. 이는 특히 사회의 모든 부문이 시장경제적 원칙에 따라 운용되는 것이 효율성 측면에서도 우수한 것만은 아니라는 제안을 담고 있다. 시장경제의 한계를 설파한 대표적 사례가 된 이 연구는 물론 상당한 반론에 직면해 왔다. 특히 이타적 자발성에 근거한 제도는 헌혈과 같은 극히 제한된 부문에서는 유효할 수 있지만, 사회 전체의 모든 부문에서 일반화될 수 없는 한계를 갖는다는 반론이 대표적이다. 하지만 티트머스가 설명하고 있듯이 헌혈 행위는 '순수한' 의미의 이타성에 의한 실천이기보다는 헌혈자 자신 또한 이러한 교환 속에서 언젠가는 혜택을 볼 것이라는 믿음(또는 계산)에 근거한 실천이며, 여기에서 이타심과 일정한 이성적 이기심은 혼재되어 있음을 알 수 있다.

이타심의 사회제도화는 오늘의 기부금제도와 복지 사회 체제 등으로 구현되고 있다. 모스 역시 「선물론」의 첫 장 말미에서 별도의 주를 통해 부자들이 신과 혼령에게 바치고 허비하는 희생제의의 공양물이 가난한 사람들에 대한 자선 행위로 전환되어야 한다고 주문하고 있다. 오늘날 이타심을 선물과 자선 행위 그리고 사회복지제도 등으로 제도화하고자 하는 가장 강력한 주장은 싱어Peter Singer의 '효율적 이타주의 effective altruism' 개념에서 목격할 수 있다.[48] 공리주의와 실용주의의 극단적 논리를 담고 있다고 여겨질 수 있는 그의 이 주장은 이타주의의 실질적 효율성 제고라는 목표를 달성하기 위해 동원될 수 있는 모든 방식을 정당화한다. 그에 따르면 이타심의 제도화는 이타심을 증대하고 또 실현한다. 가령, 개인의 이타심을 북돋우며 집결하고 또 실행하는 중간자 역할을 수행하는 다양한 자선 단체는 기부금을 모으고 집행하는 데 있어 높은 전문성으로 그 효율성의 제고에 기여한다. 이런 까닭에 그는 이제 우리가 단순히 관념적 수준에 머물 우려가 있는 이타심을 벗어나 이를 조직화할 필요성을 강조하면서, 또다시 그것이 진정한 이타심인가에 관한 왈가왈부 자체는 실질적 효용이 없다는 것을 강조한다. 그의 주장을 받아들인다면, 일상적 사회 체제는 주로 이기심에 바탕한 것이기 때문에, 이타심 또한 한층 구체적이고도 적극적인 제도화를 통해 구현되어야 한다. 그리고 이러한 제도화에 적극적 자극제가 되는 것은 이기심이다. 싱어는 가령 기부금의 공공연한 모금은 물론 기부 내역을 공개할 것을 권고한다. 이러한 현실적 모습이 증거하는 것은 인간의 이타심이 자기 과시적 이기심과 함께하고 있으며 이기심과 이타심은 실용적 차원에서 구별될 필요가 없거나 상호 교호의 관계에 놓여야 한다는 것이다.

효율적 이타주의의 관점에서 선물론을 재조망한다면 그것

은 선물 교환의 제도화라 할 수 있다. 이러한 과정은 선물 교환이 경제 일반에서의 교환 형식을 취하거나 이에 편입되는 것으로 판단할 수 있다. 선물은 우선적으로 일상의 교환경제로부터 예외적인 지위를 갖는 것으로 상정되었지만, 우리는 이를 복지 사회의 일부로 부단히 편입해야만 그 의의가 한층 더 분명히 실현되는 단계에 도달하였다. 하지만 선물 차원의 의의는 이렇게 확대된 체제 속에서도 선물이 지속적으로 잉여적(예외적) 위상을 갖는 존재로 거듭나야 한다는 점 또한 여전히 유효하다. 선물의 차원은 이기심의 공간에서 이타심의 부단한 제도화와 더불어 이에 대한 잉여적 차원의 부단한 창출이라는 이중의 목표를 제시한다. 달리 말하자면 선물의 차원은 우리에게 이타심의 지속적 제도화를 넘어서는, 또 다른 차원과 의미에서의 창조적 이타주의creative altruism[49]를 주문한다.

4

시장경제에 함몰된 사회 구하기
─ 폴라니의 반反대전환

모스의 문제의식과 궤를 함께하면서 오늘의 사회적 상황

을 진단하고 처방하는 예로는 헝가리 출신으로 영국과 미국에서 정치경제학과 사회사상을 연구한 폴라니Karl Paul Polanyi (1886-1964)의 경우를 들 수 있다. 그의 대표적 저서로서 경제 일변도의 시각으로부터의 탈피를 주장하는 『대전환The Great Transformation』(1944)은 특히 주목을 요한다.[50] 여기에서 그가 '대전환'이라고 명명한 것은 19세기의 시장 자유주의market liberalism로의 전환을 지칭한다. 이 거시적 함의를 갖는 저서를 요약하기는 쉽지 않지만, 폴라니는 첫머리에서 일찌감치 자신의 논제를 분명히 하는데, 그것은 "자기 조정적 시장은 순전한 유토피아임을 암시한다"라는 것이다.[51] 여기에서 '자기 조정적 시장'이란 시장이 자신만의 논리를 갖는 자기 충족적 체계로서 오직 순수한 교환과 거래를 기준으로 운용되면서 다른 사회적 차원과는 무관하게 독립적으로 작동하는 시장 영역으로 상정되는 경우를 지칭한다.

하지만 이 '자기 조정적 시장'에 대한 폴라니의 엄중한 반론은 "경제 체제는 비경제적 동기에 의해 작동한다"는 것, 즉 "경제적 동기는 사회적 삶의 조건으로부터 발생한다"는 것이다.[52] 그는 경제와 사회는 서로 뗄 수 없는 관계에 있으며, 이를 경제가 사회에 '박혀 있는embedded'(배태, 내포) 상황으로 표현한다.[53] 이 용어의 유래는 탄광에서 찾아지기도 한다.[54] 이러한 설명에 따르면, 폴라니는 특히 영국의 산업혁명 시기에 대한 그의 오랜 연구와 천착 과정에서 탄광 산업에 대한 자료 조사를 통해 만난 '탄층'(또는 탄상coal bed, 즉 석탄이 묻혀 있는 층) 등의 용어를 사용하여 경제는 사회 전체가 아니라 사회의 일부로서 내포된 부분에 지나지 않음을 강조하고 있다.

폴라니는 현재의 시장경제는 사회로부터 일탈하여 사회와 무관하게 상상되고 여겨지는 '탈내포disembedded'의 상황에 있다고 지적하면서,[55] 이를 극복하기 위해 먼저 시장의 가장 기초적인 원리로 보이는 교환 행위를 인간과 사회의 기본 원리로 받아들일 수 없다고 설명한다. 더불어 그는 또 전통적 교환이 오늘의 교환과 달리 단지 경제적 이익이나 이윤을 추구하기 위해 행해진 것은 아님을 밝히고자 한다. 우선 그는 애덤 스미스 이후 인간을 '경제적 인간Economic Man'의 측면에서 정의하는 것의 한계를 강조한다. 그는 특히 애덤 스미스와 달리 이러한 노동의 분업은 남녀의 차이와 개인적 자질 그리고 지역적 특성 등의 차이의 이동에서 시작하였으며, 인간의 교환 성향은 거의 없었다고 주장한다. 오늘날과 같은 시장경제를 단지 근대의 현상이라고 설명하는 그는 애덤 스미스에 대한 본격적 반론의 지점으로서 특히 교환에 주목한 것이다.[56]

폴라니에 따르면 경제적 활동은 정치적이자 지적이고 영

혼의 추구와 관계되는 것이었으며, 이러한 면모는 오늘날 시장경제의 교환 과정에서는 고려되지 않는 부수적 사안으로 격하되었다. 그는 원시 시대에 한 사회의 교환은 이러한 복합적 측면에서 수행되었음을 강조한다. 그는 또한 모스 등의 인류학적 논의가 주목한 트로브리안드 제도의 쿨라를 예로 들면서, 외부 교역은 교환barter이기보다는 모험과 약탈의 형식을 띠며, 훨씬 후기에 와서야 대외 교역이 시장적 성격을 띠었다고 주장한다. 이런 까닭에 교환, 특히 시장경제적 성격의 교환을 인간의 본성으로 상정하는 것에는 한계가 있으며, 경제 체제는 사회적 기구의 한 요소일 뿐임을 역설한다.[57]

더 나아가 폴라니는 교환에 따른 이익과 이윤은 우리 시대 이전의 경제 체제에서는 중요한 부분을 차지하지 않았다고 설명한다. 석기 시대 이후부터 시장은 매우 일반적인 현상으로서 경제적 삶 이상의 역할을 수행하였다는 것이다. 하지만 오늘날은 사회가 시장에 부속되는 것처럼 운영되면서, 경제가 사회에 묻혀 있는 것이 아니라 오히려 사회관계가 경제 체제에 묻히게 되었다. 교환 불가능한 것의 대표적 예인 노동과 땅은 인간과 사회 그 자체라고 할 수 있는데도, 이 또한 시장 체제에 종속되었으며, 이제 이러한 상황은 단순히 경제의 대전환이 아닌 사회의 대전환이라고 평가할 수밖에 없게 되었다.[58]

폴라니가 거론하는 시장의 비경제적 측면 가운데 하나는 사회적 유대감을 유지하는 역할로서,[59] 이는 모스와 레비스트로스 등 인류학자들이 인류의 교환 행위에 주목하면서 도출해 낸 교훈 가운데 가장 중요한 것이었다. 이와 함께 폴라니는 최근의 연구가 인간의 사회적 지위, 사회적 요구, 사회적 자산이 물질적 상품보다 우위에 있음을 강조한다고 설명한다. 이는 부르디외에 앞서 미국의 사회학자 베블런Thorstein Bunde Veblen(1857~1929)이 그의 저서 『유한계급론: 기존 제도에 대한 경제적 연구The Theory of the Leisure Class: An Economic Study of Institutions』(1899)에서 이후 소위 '베블런 효과Veblen effect'라 불리는 현상—즉 상류층의 과시욕과 명예욕이 시장의 가격 결정과 달리하는 행태—을 살핀 바 있다. 폴라니 또한 땅과 노동은 시장을 위한 상품이 될 수 없음에도 이를 실제 상품처럼 취급하는 것은 우리가 일종의 허구나 환상에 집단적으로 동조하는 현상으로, 시장경제는 순수한 가격과 이에 준한 교환이라기보다는 인간 욕망의 교환과 소비의 측면이 오히려 더 크다고 설명한다. 앞서 지라르의 설명에서와 같이 개인의 욕망은 사회적인 산물인 것처럼 폴라니 또한 쿨라의 물품 가치는 그 자체보다는 그 이전의 소유자의 지위에 의해 결정된다는 것을 우리에게 거듭 환기하고 있다.[60]

폴라니의 주장은 시장이 자연스러운 현상이라기보다는 역사적이자 인간과 사회제도의 일부로서 매우 복합적인 기능을 갖는 영역이었지만, 이러한 형식이 근대에 와서 지나치게 변형되고 왜곡되었다는 것이다. 이 과정은 복합적인 시장을 자율규제 또는 자기 완성적 시장으로 변모시키면서, 경제를 계약으로, 그리고 이러한 계약을 자율과 자유로 단순화하고 있다는 것이다. 달리 말하자면 그것은 경제의 단순화이고, 더 나아가 이러한 단순화된 경제관이 경제 이외의 사회 분야에서도 일반 원리로 받아들여지고 있으며, 그 과정이 진행된 19세기는 산업 사회 중심으로의 전환이 아니라 시장 사회 중심으로의 전환의 관점에서 인류가 맞이한 '대전환'이라는 설명이다.[61]

이러한 상황에 관해 폴라니는 제도적이자 정책적인 대책을 대안으로 제시한다. 시장, 특히 오늘의 시장은 인류의 자연스러운 현상이 아니라 역사 속에서 형성되고 변모된 제도로서 이는 한 사회의 정책에 의해 그 역할이 결정되어 온 장치이다. 그는 우리가 스스로의 결정에 의해 시장의 논리를 받아들이기보다는, 근대에 접어들면서 특히 권력의 적극적 역할과 정부의 소극적 대응에 의해 그 논리에 설득당해 왔다고 지적한다.[62] 이런 까닭에 교환제도와 시장이 사회적 차원을 갖는 것으로 복원하는 일이 과제로 등장한다. 폴라니는 정책적 대안으로 특히 민주적 정치에 복속하는 경제, 국제적 협력의 경제, 초국가적 운동을 제안한다.

교환에 함의된 사회적 의미의 회복이라는 또 다른 '거대한 전환'을 제안하는 폴라니의 이론은 모스의 선물론을 중심으로 한 논의에서 더 나아가 한층 구체적인 정책적 대안과 실천 방안을 담아내고 있다. 물론 모든 거시적 이론이 그렇듯, 폴라니의 이론 또한 미시적으로는 많은 문제점이 거론되고 있는 것도 사실이다. 그럼에도 불구하고 오늘날 시장경제의 한계에 직면하여 폴라니의 이론이 거시적 진단과 함께하는 미래 지향적 비전을 제시하고 있다는 점은 그 의의가 매우 크다고 할 수 있다.

오늘날 격화되는 시장의 논리는 마르크스가 경고한 바와 같이 모든 전통적 가치 기준을 무너뜨리고 이를 대체해 나가고 있다. 친족과 지역, 덧붙여 이를 대체하듯 안정감 있는 고용을 제공한 기업 등이 유대와 공생을 기반으로 구성해 온 공동체는 무너져 가고 있다. 이를 반영하듯 한 공동체 또는 국가의 소위 '사회 안전망' 역시 각자도생各自圖生의 시장 논리 앞에 그 존재 논리를 설득력 있게 제시하지 못하고 있다. 이런 가운데 선물론은 다시 한 번 사회 구성원의 교호를 통한 결속의 의미를 되새기게 한다. 오늘날의 평등과 보편적 복지, 그리고 부의 재분배 등의 개념은 제도적 차원에서는 19세기에서부터 시작한 것이 분명하지만 그 정신적 기조는 분명 선물제도와 같은 오래된 전통으로 거슬러 올라간다고 할 수 있으며, 특히 기본적인 의식주와 의료 및 교육 등의 분야에서 선물의 정신은 이어져 왔다.

하지만 폴라니는 19세기를 상업적 시장의 원리가 사회적 원리를 대체한 대전환의 시대였다고 고발한다. 이를 함께 감안한다면 19세기의 다양한 복지제도는 이러한 대전환의 부조리를 인지하고 이에 맞서는 전통을 제도화한 것으로 이해할 수 있다. 이런 까닭에 오늘의 시대가 19세기가 유지하고자 한 선물의 이념을 어느 정도 달성했는지를 다시 한 번 검토하고 가늠할 필요성이 대두된다.

문화론
— 탈인간(포스트휴먼)의 네트워크

모스의 선물론에 대한 반론 가운데 하나는 인간의 삶에 있어 교환이 아니라 소유 자체의 중요성이 간과되고 있다는 측면에서 제기된다. 모스가 설명하는 바와 달리, 사물에 내재하게 되는 소유자의 혼의 차원은 물건의 교환 과정에서 주목될 수도 있지만 궁극적으로는 그 소재 즉 소유의 측면에서도 확인될 수 있을 것이기 때문이다. 물건은 교환을 위한 것이기도 하지만, 교환은 또한 소유를 위한 것이기도 하다. 물론 이는 닭과 달걀의 경우에서와 같은 순환론적 논리 속에 있다고도 할 수 있지만, 어떻든 교환의 관점 못지않게 소유의 관점 또한 동일한 비중으로 그 가치를 조명받아야 한다는 의문을 낳기에 충분하다.

인류학적 측면에서 인간의 삶과 사회에 있어 사물의 소유 개념이 갖는 중요성을 제시한 대표적 연구로는 앞서 언급한 와이너의 『양도 불가성 소유물』을 들 수 있다. 이 역저의 출발점은 분명하다. 그것은 "사람들이 교환 과정에서 계속적으로 유지하고자 하는 소유물이 어떤 것인가를 탐구하는 것은 교환이 단지 선물 교환의 호혜성을 포함한다고 가정하는 것보다 이론적으로 더 의미가 있다"는 것이다. 달리 말하자면, 교환의 이면에는 소유가 있다는 것이다.[63] 다양한 사안에 대한 실질적 관찰과 해석을 담고 있는 이 저서의 사례 가운데 하나는 한 가문의 정체성은 여성이 가계의 손위로부터 물려

받거나 직접 생산하고 소유하면서 양도하지 않는 물건에 의해 유지된다는 것이다. 가령 어떤 옷과 장식은 양도될 수 있는 것으로 여겨지기보다는 본인이 혹은 대대로 간직해야 할 소중한 것으로 여겨진다. 이러한 물건에는 개인적 그리고 가족적 가치만이 아니라 사회적 가치 또한 부여된다.

와이너는 선물이나 교환 못지않게 소유 또한 동일한 차원에서 인간과 그 사회의 모습을 그려 내는 지렛대가 될 수 있다고 제안한다. 가령 어떤 소유물에 대한 개인 또는 가족의 애착과 가치는 단지 주관적인 것에 머물지 않고 이들이 속한 사회와 연계를 갖는 차원에서 부여된다. 그것은 한 사회 속에서, 또한 이들 소유물의 가치를 평가하는 상호 인정 속에서 형성된다는 것이다. 와이너는 이러한 과정을 주관적 평가와 사회적 평가 사이를 이어 주는 '세계관에 의한 인정cosmological authentication'의 관점에서 설명한다.[64]

이런 까닭에 소유는 단지 소유 그 자체에 머물지 않고 사회 속에서의 의사 표현이자 의사 교환의 차원을 갖는다. 이는 오늘날 우리가 명품 가방을 소유하고 그것에 애착을 보이는 차원과 그것이 어떤 사회적 의사 표현이자 메시지를 담고 있는 것에서도 구현된다. 이에 따라 개인의 주관적 자기 판단 즉 정체성은 소유물에 의해 생성되고 유지된다는 설명으로 나아갈 수 있다. 이는 한 사회 또는 국가의 정체성에 동일하게 적용되는 것이기도 하다. 각 국가마다 자신들만의 고유한 국기와 꽃을 지정하고, 박물관은 물론 국가 유공자를 위한 묘역을 건립하는 것 또한 한 나라의 정체성을 유지하는 기표의 설립과 소유에 해당한다.

이러한 논의 과정에서 와이너가 특히 여성의 역할을 강조하는 것에도 주목할 필요가 있다. 여성이 아이를 낳고 기르는 소위 재생산 능력의 보유자인 측면은, 오늘날 개인과 가족의 물건을 생산하고 보전하는 역할로 연장되고 있다는 관찰이 그것이다. 근친상간의 금기 또한 교환 과정 속에서 한 가계의 정체성을 확대하고 지키려는 관점으로 파악될 수 있다. 특히 한 단위의 정체성이 시간의 흐름 가운데서도 상당한 정도로 견지되는 특성을 갖는다면, 이는 그것이 끊임없는 재생산의 차원에 있다는 것을 말해 준다. 그리고 이러한 정체성은 교환의 관점에서가 아니라 오히려 차별성의 관점에서 주목된다. 이는 기억과 유산이라는 비이성적인 것 위에 일정한 이성이 있다는 것을 말해 준다.[65]

와이너의 인류학적 연구는 '원시인은 사적 소유가 없었다'는 신화에 대한 반론의 관점에서도 큰 의의를 갖는다. 여기에서는 재산을 물적 소유물로만 다루는 것이 아니라 인간

V. 선물론에 대한 반론과 그 발전적 전개

의 생명과 자유 그리고 재산을 통합하여 다루면서 물건, 특히 양도 불가성의 재산을 생명의 일부로 다루고 있는 로크의 논리("Lives, Liberties and Estates," *Two Treatises of Civil Government*)가 다시금 확인된다.[66] 물건의 소유 차원에 천착한 논의는 선물론 못지않게 또는 그와 다른 지평에서 인간과 물건과의 관계를 설정하고 있다. 이러한 논의는 다시금 인간과 사물과의 관계를 탐문하도록 한다.

사물과 인간의 연계와 혼재 양상에 대한 최근의 논의 가운데 대표적인 경우가 사이보그론이다. '사이보그cyborg'는 생물학적 유기체와 기계가 결합하여 능력이 향상된 개체를 지칭한다. '인공두뇌학cybernetics'과 '유기체organism'가 결합된 인공두뇌 유기체cybernetic organism를 지향하는 사이보그 프로젝트는 궁극적으로 인간의 뇌를 구현하는 유기체의 생성을 목표로 하고 있다. 하지만 이 궁극적 수준 이전에도 인간과 기계의 결합은 로보캅이나 600만 불의 사나이에 이르는 수준에서부터 가까운 예로는 의족이나 인공장기 그리고 틀니나 안경을 사용하는 인간에 이르는 것으로도 말할 수 있다. 이런 까닭에 도구를 쓰는 인간은 모두 사이보그적 차원을 갖는다고까지 말할 수 있다. 물론 그러한 도구가 인간 내에 장착되지 않은 상태이기 때문에 진정한 의미의 사이보그에는 미치지 못한다고 할 수도 있다. 하지만 내가 컴퓨터의 자판에 손을 대는 순간 컴퓨터는 나의 일방적 도구가 아니라, 나와 컴퓨터가 연결되고 함께 작동한다는 차원도 부정할 수 없기 때문에, 이 경우 또한 일정한 사이보그적 상황이라고 해야 할 것이다. 이는 동일하게 내가 연필을 사용하고 망치를 사용하는 경우 등에도 연장하여 말할 수 있을 것이다. 주는 사람과 그 물건의 어떤 연계를 말해 주는 선물 현상은 먼 연장선으로 사이보그적 인간에서와 같이 사물과 인간의 순환에 닿으며, 이를 일반화하자면 그것은 곧 인간과 물건, 그에 따라 문명과 자연 일반과의 구별선의 불분명함 또는 무화의 논리로 향한다.

인간과 물건, 그리고 문명과 자연에 대한 이분법의 차원이 아닌 연계와 혼융의 차원에서의 접근은 그 사회문화적 함의를 가늠하기 힘들 정도의 폭과 깊이를 갖는다. 이러한 정도를 보여 주는 주장이 집약된 대표적 예는 미국의 문화 이론가 해러웨이Donna J. Haraway의 에세이인 「사이보그 선언: 20세기 후반의 과학, 기술, 그리고 사회주의 페미니즘"A Cyborg Manifesto: Science, Technology, and Socialist-Feminism in the Late Twentieth Century"」(1985)이다. 여기서는 인류사에서 이분법적으로 이해해 온 다양한 대립쌍들의 경계가 와해되고 상호 혼융되는 상황이 오늘의 사회문화론에 제공하는 조언을 탐문한다.[67] 물론 이 논문은 무엇보다도 페미니즘 영역에서의 논쟁을 염두에 두면서, 이제는 '순수한' 의미의 페미니즘에서 벗어나 이를 대체할 시각을 제시하고자 하였다.

해러웨이는 페미니즘의 정체성의 정치를 수정하기 위해 사이보그 프레임의 함의를 동원한다. 정체성의 정치란 '나는 누구인가'라는 자신만의 고유한 정체성을 기반으로 하는 정치로서, '나는 한국인이다' 또는 '나는 여자다'와 같이 자신의 정체성을 소위 변경 불가능한 (가령, 생물학적) 차원에서 확인하고 이를 기반으로 자신의 정치적 입장을 취해 나가는 것을 일컫는다. 정체성의 정치는 본질주의essentialism 즉 한국인은 다른 어떤 나라 사람과, 여성은 남성과 구별되는 어떤 근본적 차이점을 갖는다는 확신에 따른 것이다. 이러한 페미니즘의 경우 여성은, 남성이 아니라 여성이라는 정체성을 기반으로 자신들의 정치적 이념을 설정하고 실천하는 것을 우선으로 한다. 정체성의 정치는 흔들림 없는 기반을 바탕으로 하기 때문에 매우 견고할 수 있는 장점을 갖는 반면, 그것이 참으로 물리적으로 분명하고 본질적인essential 것인지에 대해서는 따져 묻지 않을 수 없다.

일반적으로 페미니즘은 여성이라는 하나의 단위로 한 사람의 정체성을 규정하면서 이에 따라 정치적 운동성을 갖고자 한다. 이에 대해 해러웨이는 한층 복합적인 차원의 정체성이 현실에 더욱 부합하고 그것이 생산적인 정치성을 가질 수 있다고 주장한다. 특히 오늘의 현실은 사이보그적으로 매우 복합적인 양상 속에 있다는 판단과 함께, 이에 따른 복합적 정치성이 더욱 효과적일 수 있다는 것이다. 또한 오늘날의 사회문화적 구도는 어떤 원본이 있고 이를 반영하는 복사본이 있다기보다는 다양한 유사물들이 창출되며, 일목요연한 위계보다는 훨씬 정보공학적인 공간으로 다가온다.

오늘의 우리는 인간과 사물과의 관계에 있어 연계와 혼융을 강조하는 해러웨이의 시점에서 출발하여 더욱더 사물의 관점으로 이동하고자 하는 학문적 시선 또한 주목할 필요가 있다. 이는 인간의 정체성은 단지 인간적인 것만이 아니라 매우 물적이고 외재적인 차원에서 결정된다는 것에 대한 강조이다. 이런 까닭에 인간 중심의 세계 이해로부터 벗어나 인간과 사물 사이의 무게 중심을 반분하거나, 더 나아가 오히려 사물의 힘에 더욱 민감하게 반응하면서 이러한 입장에서 세계를 기술해야 한다는 논의가 대두되고 있다. 이는 특히 점차 인간의 영역이 축소되고 오히려 기계와 물질의 영역이 확대되어 가는 오늘의 상황을 반영하는 것이기도 하다. 이러한 상황을 기술하고자 사물 이론Thing Theory마저 제기된

바 있다.[68] 조금은 극단적 시각으로 보이지만 그 주장이 갖는 의의는 잠시 살필 필요가 있다.

사물 이론은 사물의 움직임이 인간과 사회의 상황을 설명해 주는 데 있어 더 효과적일 수 있다는 생각을 구체화하기 위해 스스로를 '방법론적 물신주의methodological fetishism'라 설명하기도 한다.[69] 그것은 인간과 세계를 기술하는 데 있어 '방법론적'으로 사물의 관점을 취하고자 하는 이론이다. 사물 이론은 특히 세계적 차원에서 가속화하고 있는 물적 네트워크가 단지 사물만이 아니라 인간의 흐름을 결정하는 것이 사실인 상황에 당면하여 한층 더 이러한 현실을 반영하는 이론이고자 한다. 현재 사물 이론은 다양한 분야에서 진행되고 있지만, 그 의의와 기대에 비해 더디게 진행되고 있고 그럴 수밖에 없는 작업임을 능히 짐작할 수도 있다. 그것의 애초의, 그리고 여전한 관건은 어떻든 인간의 연구가 과연 인간의 시선을 완전히 벗어나 사물의 시선에서 얼마나 성공적으로 수행될 수 있는가이다. 사물 이론은 아직은 참으로 초기 단계에 있으며, 그것이 추구하는 사물의 관점은 일종의 소실점으로, 또는 데리다가 설명하는 (불)가능한 프로젝트로 이해할 수는 있을 것이다.

사물 이론이 사물의 관점에 더욱 역점을 두고자 한다면, 인

간과 사물의 연계와 교류는 이 둘이 이루는 네트워크의 관점
에서 파악될 수 있다. 모스의 선물론은 원초 사회에서 선물
이 인간과 인간을 잇는 모습을 그리고 있으며, 이는 오늘날의
네트워크 이론의 근간을 포착한 모델이라는 평가 또한 가능
하다.

시장의 교환 네트워크가 아니라 인간과 인간을 정보의
수준에서 이어 주는 미디어에 주목한 고전은 캐나다의 문
화 이론가, 정확하게는 매체학자인 매클루언Marshall McLuhan
(1911-1980)의 『미디어의 이해: 인간의 확장Understading Media: The
Extensions of Man』(1964)이다. 책의 부제가 말해 주듯이 매클루
언의 매체에 대한 생각은 당대로서는 매우 획기적인 것으로
서, 인간이 세계와의 관계에서 사용하는 다양한 도구를 매체
로 파악하면서 이들을 인간의 신체와 감각 그리고 정신의 연
장선 상에 두고자 하였다. 이 책의 후반부는 이러한 차원에
서 바퀴는 발의 연장이고, 책은 눈의 연장이며, 의복은 피부
의 연장으로 다루며, 그 예는 우리들의 집과 도로, 시계와 돈,
자전거와 차 그리고 비행기, 영화와 오락, 라디오와 텔레비전
등으로 확장된다. 그에 따르면 매체의 형식 자체가 내용보다
오히려 더 중요하게 여겨져야 하는 상황 속에서 우리는 시각
적인 책과 청각적인 라디오가 전혀 다른 영향력을 갖는 점에

주목해야 한다. 매클루언의 매체 이론이 항용 "매체는 메시지다The medium is the message"라고 요약되는 이유가 여기에 있다. 그가 전등을 예로 들어 설명하는 논지는 매우 흥미롭다.[70]

이에 의하면, 당대에 제너럴 일렉트릭이나 AT&T 같은 전화 회사는 비록 전기와 전등 그리고 전화 등에서 상당한 이익을 남기고 있었지만 이들이 정보를 배송하는 사업에 임하고 있다는 것을 알지 못했고, 이를 알아차린 곳은 IBM이었다. 가령 전등은 아무런 '내용'이 없다는 생각에서 매체로서 주목을 받지 못했다. 전등은 그 자체로 아무런 내용을 갖지 않기 때문에 매체라고 생각될 여지가 없었던 것이다. 하지만 매클루언은 전구 그리고 전기의 내용은 매우 급진적인 것으로, 인간의 감각에 있어 시간과 공간의 요소를 제거하는 혁신을 가져온 점이 오히려 더욱 중요한 것이었음을 강조한다.

매클루언의 논의는 인쇄 매체에서 텔레비전 매체로 이행하는 시기에 대한 분석이라는 시대적 한계를 갖고 있지만, 오늘의 시점에서 다시 읽어 보아도 그 함의는 상당하고 여전히 생생하다. 오늘과 같이 인터넷과 가상현실이 구현된 단계에서도 그의 이론은 적합성을 상실하기보다는 매우 적절한 출발점이기에 충분하다. 물론 그것이 주로 낙관적 전망을 갖고 있다는 것과 이러한 감각의 확장이 갖는 긍정적 차원 못지않은 부정적 차원과 상당한 오류의 여지를 간과하고 있다는 비판 또한 가능하다. 하지만, 지금 우리가 논의하고 있는 선물 현상과 관련해서도, 매클루언의 이론은 큰 시사점을 갖는다.

매클루언의 이론의 한 진전이자 변형이라 할 수 있는 사이보그론은 인간과 사물 사이의 관계를 원초적 사회가 제시하는 프레임에서 되돌아보도록 하는 또 하나의 계기이다. 사이보그론은 인간의 주체성에 대한 확고한 믿음에 기반한 근대적 인간관을 수정해 온 포스트모더니즘 인간관의 한 유형 또는 그것의 한층 진전된 유형이기도 하다. 원초적 사회의 인간과 선물 네트워크와 달리 오늘의 사이보그론은 마술적 차원에 대한 믿음으로부터 근대의 이성과 과학 중심의 사유에 의한 분석과 설득으로 이동하고 있다. 분명 우리는 사회와 인간 그리고 개인이 사물로서의 물리적 세계와 에너지의 순환 및 네트워크 차원에서 더더욱 연계되고 재구성되어 가는 단계에 진입하고 있다.

VI

선물론이 선물하는 생각들

우리는 앞서 일상 삶에서 크게 문제의식을 갖고 대하지 않았던 대상인 선물의 의미와 그것이 갖는 함의 등을 살펴보았다. 선물은 무엇인가? 과연 뜻밖의 어떤 것이자, 또한 받은 이역시 또다시 선물을 해야 하는 부담이 없는 것인가? 선물의 교환이라는 행위에 있어 물건과 교환 가운데 진정 중요한 것은 무엇인가? 이들에 대한 질문과 잠정적인 대답에서 출발하여 결혼제도, 희생제의, 물신주의를 거쳐 예술과 사이보그적 탈인간 현상에 이르러서는 참으로 먼 길을 떠나 전혀 다른 지점에 귀착한 느낌을 갖지 않을 수 없다. 결국 이러한 논의는 하나의 주제에서 뻗어 나온 가지와 가지를 옮아 다닌 것은 아닌가 하는 의문 또한 당연하다.

이 논의는 선물 또는 선물 행위 자체의 높은 위상을 재확인하기 위한 것은 아니다. 단지 그것은 우리가 쉽게 지나치고 이제는 더 이상 아무런 심각한 고려의 대상이 되지 못한 사소한 현상마저 인류의 삶의 어제와 오늘을 되돌아보고 내일을 새롭게 기획할 수 있는 준거가 되리라는 기대 속에 채택되고 궁구된 하나의 예에 지나지 않는다. 물론 우리 주변의 모든 사소한 대상이 선물과 동일하게 내밀한 함의와 비전을 담고 있다고 할 수는 없지만, 여기에서의 교훈은 이들이 선물에 버금가는 관심과 점검의 대상군에 포함될 수 있는 여지는 계속 검토되어야 한다는 것이다. 마지막으로 선물에 대한 논의가 뻗어 나간 폭과 깊이를 되돌아보면서, 이것이 도식적 차원에서 사유 일반에 갖는 함의를 요약해 볼 필요가 있다.

1

개념과 실제

선물은 개념적으로는 불현듯, 아무런 의무감이나 반대급부가 없이 타자에게 부여하는 물건이나 행위이다. 이와 비교되거나 대비되는 것은 물물 교환이나 시장에서의 상업적 교환이다. 하지만 순수 개념과 달리 선물이 현실 생활에서 행해지는 방식의 스펙트럼은 매우 넓다. 이런 점에서 선물은 개념과 실천(현실 경험) 사이의 괴리를 보여 주는 대표적 사례이기에 충분하다. 더욱이 개념의 수준으로 되돌아와 살피는 경우에도, 선물의 개념은 스스로의 논리 안에 많은 모순과 역설을 갖는다고 하지 않을 수 없다. 물론 지극히 일반적 수준에서도 개념은 항상 불안정성과 불가능성을 담고 있으며, 선물 개념은 그 전형적 예에 해당한다. 선물 행위에서 개념적 이상과 현실적 실천 사이의 극명한 괴리는 선물에 대해 아무런 보답이 없어야 한다는 것과 극단적으로는 감사하는 마음을 갖는 일마저 선물의 지위를 위협한다는 것에서 나타난다. 이러한 개념 자체 그리고 개념과 실천의 구도는 인간의 생각과 현실, 문화와 세계 일반이 형성하는 관계를 대표하는 은유로서 이 양자가 상호 부합과 경합의 운동 과정 속에 있다는 것을 환기한다.

2

구조와 사건

선물은 일방적 증여이다. 하지만 현실적 실천의 차원에서의 선물은 교환 행위이다. 둘의 차이를 보여 주는 요소로 거론될 수 있는 것은 주고받기 행위에 개재하는 시간적 거리일 뿐이다. 어떻든 선물은 한 공동체 내, 공동체와 공동체 사이, 더 나아가 인간과 신 사이 등의 교환 체계를 바탕으로 한다. 이러한 체계로서의 구조 내에서 선물이라는 개별 행위는 의미를 갖는 것이다. 가령 법률 체계와 개별 인간의 자유로운 행위는 상호 길항 관계에 있는 것으로 여길 수 있다. 하지만 민주 사회의 법이라는 체계의 목적 가운데 하나는 구성원의 자유를 최대한 보장하는 데 있는 것도 사실이다.

구조 가운데 개체는 항상 구조가 산출하는 결과물 또는 효과만은 아닐 수 있는데, 바로 그 예시 중 하나가 선물 현상이다. 선물은 교환 구조의 틀 내에서 진행되면서도 그것이 딱히 교환 구조와 완전히 일치하는 성격의 교환은 아니다. 이는 원초 사회는 물론 오늘의 사회에서도 그렇다. 특히 선물의 이러한 특성은 그것이 지향하고 담고자 하는 의지의 차원에서 유지된다. 이런 점에서 선물은 일정 차원에서 상업적 구조의 예외이자 잉여이고자 하는 의지를 현실화하는 존재이다. 우리는 여기에서 사회 구조 내의 개인의 정체성이나 위상에 대한 일정한 함의를 마주하게 된다.

3

탈脫이항대립

마르크스의 역사 발전 단계론은 구조의 변화를 강조하는 대표적 이론이다. 더 정확히 말한다면 그것은 구조의 변화라기보다는 체제의 변화라고 해야 한다. 마르크스주의와 달리, 구조 자체를 이론화하려는 구조주의는 인간 문화에는 근본적 구조가 있고 이는 역사적 추이에 따라 다른 모습을 보일 뿐, 그 근본 법칙은 바뀌지 않는다는 것을 근간으로 한다. 인간 문명은 자연 세계와 구별되는 것으로 시작하고, 이는 이른바 '이항대립binary opposition'에 의한 사유 방식의 작동을 의미한다. 이에 따르면 밤과 낮, 남과 여, 옳고 그름은 인간 사유의 원초적 틀로서 어떠한 역사 단계에서도 지속된다.

항용 상품과 선물 또한 이항대립적으로 상정된다. 전자는 상업적으로 교환되는 것으로 상호 주고받는 의무가 동반되지만, 후자는 순수한 마음으로 주는 것으로, 아무런 부담감이 없어야 한다. 하지만 실제로 우리는 시장에서 물건을 구매하여 누군가에게 선물을 한다. 그리고 선물을 받으면 부담감을 갖게 되고, 많은 경우 되도록 빨리 보답을 하고 싶어 한다. 우리가 고귀하게 생각하는 효도와 충성심 그리고 애국심 모두 이러한 구도에서 멀지 않다. 이런 점에서 선물은, 그리고 선물을 상품과 대비하는 이항대립의 논리는 항상 오염되어 있다.

4

특수경제와 일반경제

폴라니가 역설하고 있는 바와 같이, 경제의 논리가 사회의 논리를 함몰한 것은 참으로 대전환이었고 비극적인 사건이었다. 선물론은 인간의 행위가 단지 경제적 의미만이 아니라 한층 폭넓고 깊은 사회문화적 의미망 속에서 행해져 왔음을 보여 준다. 이런 까닭에 선물론은 사회문화적 의미의 회복을 위한 제안이라고 할 수 있지만, 이를 달리 표현하자면 협의의 특수경제가 아닌 한층 광의의 일반경제의 회복을 위한 전망이라고도 할 수 있다. 선불의 논리는 실제에 있어 시간적 간격을 갖는 반대급부의 부담감을 설명한다. 우리가 가족과 사회 그리고 세계 속에서 태어나고 커 나가는 것은 선물이자 축복이지만 또한 어떤 의무감과 부담감을 갖는 것은 우리가 선물이라는 예시가 보여 주는 넓은 의미의 일반경제 속에 있다는 이해를 돕는다.

이러한 이해를 포함하는 경제를 우리는 또한 장기적 순환의 경제라 부를 수 있다. 개인과 집단에게 재물 못지않게 덕망과 윤리 도덕이 강조된 것은 장기적 순환에 대한 믿음에 기초하는 경제 행위와 다름없다. 가난한 이에 대한 배려는 이러한 차원에서 행해져 왔고 제도적 관습만이 아니라 이성적 믿음이라고도 해야 하는 명제이다. 폴라니의 주장을 소개하는 머리말에서 스티글리츠^{Joseph E. Stiglitz}는 가난한 이, 불리한 이에 대한 배려는 인류사의 모든 사회가 행해 왔음을 강조한다.[71] 선행을 쌓는 가문에는 필히 경사가 따른다는 "적선지가 필유경積善之家 必有慶"과 같은 전통적 금언은 장기적 순환경제에 대한 믿음의 한 표현이다.

5

인간과 세계, 그리고 작은 대상들

선물은 공동체 내에서 개인과 개인을 엮어 내고 이로써 공동체 내의 유대감의 증대에 기여한다. 또한 선물의 경우에서 전형적으로 나타나는 인간과 사물과의 유대 관계는 원초적 사회는 물론이고 지금 우리에게도 지속되고 있다. 인간과 세계 특히 사물 세계가 연계된 양상은 사이보그로부터 네트워크에 이르는 구도 속에 이해되는 단계를 향하고 있다. 이러한 구도에 따라 교환과 소유의 개념은 이분화되기보다는 상호 교호의 논리 속에 파악된다. 선물에 깃든 정령에 대한 모스의 설명이 물신론과 예술의 아우라 등의 사안으로 확대될 여지를 갖는다는 점은 중요하다. 하지만 모스에게 물건의 중요성은 교환과 순환의 차원에서 강조되고 있는 것 또한 분명한 사실이다. 이런 점에서 와이너가 제기하는 소유 자체는 순환과 소유에 대한 균형의 회복 수준에서 통합될 수 있을 것이며, 더 나아가 이러한 통합은 지나친 인간 중심론으로부터의 탈피를 상상하게 한다. 달리 설명하자면 이는 세계 내 상호 교호와 순환의 지평이 확대된 것과 다르지 않다.

선물론에서 결국 인간과 사회 그리고 사물이 하나의 네트워크로 파악되는 것은 인간에게는 시사점과 함께 두려움을 안긴다. 하지만 이것이 오늘날 소위 정보 사회 속의 인간에게 갖는 의미 가운데 하나는 정보의 내용 못지않게 정보의 교환과 순환 자체가 갖는 중요성에 대한 것이다.

선물이라는 작은 현상에 대해 이렇게 폭과 깊이를 갖는 논의를 시도하는 것은 역사학에서 진행되는 미시사를 떠올리게 한다. 16세기 이탈리아 북부의 한 방앗간 주인이 종교재판에서 화형에 처해진 사건을 다룬 진즈부르그^{Carlo Ginzburg}의 『치즈와 구더기: 16세기 한 방앗간 주인의 우주관』(1976), 1730년대 프랑스 파리에서 인쇄공들이 고양이를 학살하고

즐긴 사건의 사회적 의미를 탐문한 단턴^{Robert Darnton}의 『고양이 대학살: 프랑스 문화사 속의 다른 이야기들』(1984)은 미시사의 대표적 예이다. 모스의 「선물론」은 미시 인류학이라고도 할 수도 있겠지만, 이에 담긴 특별한 의의는 오늘날의 경제와 사회문화에 대해 그것이 갖는 폭넓은 함의와 비전이라고 하겠다. 특히 선물에 대한 논의가 이들 미시사적 업적과 차별성을 갖는 점은 그 내재적 의미가 인간의 역사와 함께 시작하였고 인간의 현재와 미래에 대해서도 상당한 적절성을 갖는 질문과 답을 담지한 귀한 사례라는 것이다. 선물이라는 작은 대상에 대한 면밀한 관심을 통해 한층 넓은 사회문화적 논리에 질문과 문제를 제기하는 것은 사유의 깊이와 폭을 넓히는 한 방식이다. 선물론은 우리의 생각과 삶에 주어지는 소중한 선물이다.

VI. 선물론이 선물하는 생각들

후 기

　글을 쓰기 시작할 시점에서 이 책은 "선물론: 선순환 체계 시론試論"이라는 거창한 제목과 부제를 달고 있었다. 그러나 글을 쓰는 과정에서 "이 세상은 선물이다"라는 제목은 어떨까 하는 생각도 들었다. 하지만 이 팍팍한 세상에서 허망한 위로의 언사이거나 진부한 충고에 불과하다는 생각에 곧바로 접고 말았다. 자기 의지로 태어나고 싶어 태어난 사람은 없는 까닭에, 이 세상과 삶은 우리에게 부여된 선물임이 분명하다. 그러나 우리의 태어남은 그 형식에 있어서는 선물이되 내용은 고역의 시초로 여겨지는 경우가 더 일반적이다. 이전에는 우리에게 그저 주어져 왔던 것들이 이제는 더 이상 당연시되지 않는 것 같다. 해와 달, 좋은 공기와 물이 그렇고, 사랑 가득한 부모와 가족, 태어나고 사는 것 자체가 그렇다.

　모든 것을 마치고 나서는 "이기적 선물"이라는 좀 더 설명적인 제목에 끌렸다. 이 제목에는 리처드 도킨스의 『이기적 유전자』에 대한 반향이 있다. 제목과 달리 이 저명한 책은 스스로의 생명 연장을 최우선으로 하는 이기적 유전자가 있지만, 그 유전자가 우리에게 명령하는 생물학적 차원을 벗어나 인간만의 문화를 창출하고 축적해 나갈 필요성을 역설한다. 내용이 제목을 문제시하고 있는 경우이다. 이와 달리 "이기적 선물"은 그 자체로 상당히 자기모순적이다. 외적으로 선물은 (또한 우리가 선물을 대하고, 선물을 주고받는 행위는) 이기적이기보다는 이타적이다. 하지만 선물은 결코 이타적이지만은 않다. 순수 개념에 있어 선물은 온전히 이타적이지만, 인간 세상에 있어서 선물은 실질적으로 그리고 필연적으로 상당히 오염된 이기적 존재이다.

이 세상, 그리고 우리에게 부여된 생명은 분명 선물일 수 있다. 그러나 점차 인간 문명이 진행되면서, 이제 또는 앞으로는 이들 역시 순수한 차원의 선물적 존재로만 남아 있지는 않을 것이다. 물론 이런 가운데서도 '선물'이라는 순수 개념은 어떤 이상이자 이념으로 남아 세상에서 오염된 채 움직이는 선물을 지켜볼 것이고, 다행히도 이는 단지 질정이기보다는 꿈과 비전으로 기능할 수 있을 것이다. 우리는 선물로 태어났지만 순수한 선물로 남아 있지 못하다. 우리가 주고받는 선물 또한 불순하고 삿된 마음과 함께한다. 그럼에도 이 모두에 대해 어떤 죄책감을 느낄 의무는 없다. 선물과 우리는 애초부터, 그리고 여전히 미완이고, 미완은 미련과 함께 앞으로의 여지를 남기기 때문이다. 이러한 여지 속에 우리는 살아가고, 살아갈 이유와 의미를 구한다. 이렇듯 '선물' 개념 안에 이미 이타심과 이기심, 순수와 불순이 교차되고 있어 굳이 제목에 이기심의 측면을 드러낼 필요는 없었다. 일상의 품위 있는 선물이 내용물을 드러내지 않듯이, 결국에는 책의 제목 역시 단지 '선물'이면 족하다고 생각하였다.

원래 이 책은 교양 과정의 대학생이나 일반인을 인문학적 사유로 잠시나마 초대하고자 하는 시도에서 출발하였다. 따져 보니 우리에게 선물이, 혹은 선물이라는 생각이 점점 줄고 있고, 그만큼 우리는 자연 세계에서 인간 세계로 돌진하고 있다는 것이 더 확연해졌다. 이렇게 마무리된 이 책은 이와 거의 동시에 작업한 전작 『고슴도치 시대의 여우: 세계와 인문 구조, 그 틈과 바깥』(2016)이라는 좀 더 답답한 책의 예시로 귀착한 느낌이 든다. 철옹성의 구조로 보이지만, 우리의 세계는 결국 인간이 만든 세계이고, 이러한 세계의 변용과 변화로서의 탈구조는 역시 인간에게 달려 있다. 인간사에서 선물은 어떠한 단정적 정의를 불허하는 개념이자 행위로서, 시장경제 속에 귀속되면서도 또한 거기에서 벗어나고자 하는 존재이다. 주어진 체계 가운데 존속하는 미미한 개체이지만, 여기에 온전히 구속되지만은 않고 모순의 틈새에서 나름의 삶을 영위하는 모습에 있어, 인간 세상의 선물은 도시와 문명 속 개인의 삶에 대한 일정한 존재론적 은유로 포착된다. 이 글은 이러한 은유를 담아 선물하고 싶었다.

이제 단지 이 책이 어느 불명 수취인에게 함량 미달의 선물이나마 되었으면 하는 마음뿐이다.

주 석

1 O. Henry, "The Gift of the Magi," *Selected Stories from O. Henry*, ed. C. Alphonso Smith, New York: Odyssey Press, 1910, p.155.

2 Ralph Waldo Emerson, "Gifts," *The Complete Essays and Other Writings of Ralph Waldo Emerson*, ed. Brooks Atkins, New York: Modern Library, 1950, pp.402-405.

3 마르셀 모스, 『증여론』, 이상률 역, 류정아 해제, 한길사, 2002.

4 마르셀 모스, 『증여론』. 번역본과 달리 여기에서는 제목으로 '증여론' 대신 '선물론'을 사용한다.

5 Marcel Mauss, "A Sociological Assessment of Bolshevism(1924-5)," 1925, *The Radical Sociology of Durkheim and Mauss*, ed. Mike Gane, trans. Ben Brewster, London: Routledge, 1992, pp.165-211; Marcel Fournier, *Marcel Mauss: A Biography*, trans. Jane Marie Todd, Princeton: Princeton University Press, 2015, p.202.

6 Karl Marx, *Capital: A Critique of Political Economy*, trans. Ben Fowkes, Harmondsworth: Penguin, 1976, pp.281-426.

7 Bernard Mandeville, *The Fable of Bees: or, Private Vices, Publick Benefits*, vol. 2, Indianapolis: Liberty Fund, 1988, pp.283-284.

8 Adam Smith, *An Inquiry into Nature and Causes of the Wealth of Nations*, vol.1, eds. R. H. Campbell *et al.*, Indianapolis: Liberty Classics, 1981, p.25.

9 Adam Smith, *An Inquiry into Nature and Causes of the Wealth of Nations*,

pp. 26-27.

10 Adam Smith, *An Inquiry into Nature and Causes of the Wealth of Nations*, p. 27(주 8).

11 Edward Burnett Tylor, "On a Method of Investigating the Development of Institutions: Applied to Laws of Marriage and Descent," *Journal of Royal Anthropological Institute*, 18(1889), pp. 245-272.

12 지그문트 프로이트, 『꿈의 해석』, 김인순 역, 열린책들, 2004, pp. 318-323.

13 Annette B. Weiner, *Inalienable Possessions: The Paradox of Keeping-While-Giving*, Berkeley: University of California Press, 1992.

14 Bronislaw Malinowski, *Argonauts of the Western Pacific: An Account of Native Enterprise and Adventure in the Archipelagoes of Melanesian New Guinea*, London: George Routledge, 1932.

15 Bronislaw Malinowski, *Argonauts of the Western Pacific*, pp. 510-517.

16 이후 책으로 출간된 Henri Hubert & Marcel Mauss, *Sacrifice: Its Nature and Function*, trans. W. D. Hall, Chicago: University of Chicago Press, 1964.

17 Henri Hubert & Marcel Mauss, *Sacrifice*, p. 2.

18 Henri Hubert & Marcel Mauss, *Sacrifice*, pp. 53-55.

19 Henri Hubert & Marcel Mauss, *Sacrifice*, pp. 97, 100.

20 Henri Hubert & Marcel Mauss, *Sacrifice*, p. 101.

21 Henri Hubert & Marcel Mauss, *Sacrifice*, p. 102.

22 렘브란트와 샤갈이 그린 아케다에 대한 논의는 배철현, 「예수의 위대한 질문 17: 예술로 재해석하는 창세기의 비극 '아케다'」, 『월간중앙』, 201502(2015. 01. 17.), https://jmagazine.joins.com/monthly/view/304740 참조.

23 René Girard, *Violence and the Sacred*, trans. Patrick Gregory, Baltimore:

Johns Hopkins University Press, 1977; *The Scapegoat*, trans. Yvonne
Freccero, Baltimore: Johns Hopkins University Press, 1986.

24 마르셀 모스, 『증여론』, pp.66-67.

25 마르셀 모스, 『증여론』, pp.169-170.

26 Edward Burnett Tylor, *Primitive Culture: Researches into the Development
of Mythology, Philosophy, Religion, Language, Art, and Custom*, vol.1,
London: John Murray, 1920, p.3.

27 Edward Burnett Tylor, *Primitive Culture*, p.1.

28 Edward Burnett Tylor, *Primitive Culture*, p.21.

29 이후 책으로 발간된 Marcel Mauss, *A General Theory of Magic*, trans.
Robert Brain, London: Routledge, 1972.

30 Marcel Mauss, *A General Theory of Magic*, pp.174-178.

31 John Locke, *Two Treatises of Civil Government*, ed. Peter Laslett,
Cambridge Texts in the Political Thought, Cambridge: Cambridge University
Press, 1988, pp.285-302.

32 William Pietz, "The Problem of the Fetish, I," *RES: Anthropology and
Aesthetics*, 9 (Spring, 1985), pp.5-17.

33 Karl Marx, *Capital*, pp.163-177.

34 Michael T. Taussig, *The Devil and Commodity Fetishism in South America*,
Chapel Hill: University of North Carolina Press, 1980, pp.36-37.

35 Walter Benjamin, "The Work of Art in the Age of Mechanical Reproduction,"
Illuminations: Essays and Reflections, ed. Hannah Arendt, trans. Harry
Zohn, London: Jonathan Cape, 1970, pp.219-253.

36 권진규, 〈지원의 얼굴〉(1967, 리움 미술관).
https://leeum.samsungfoundation.org/html/exhibition/exhibition_view.asp

37 한층 자세한 논의는 조규형,『고슴도치 시대의 여우: 세계와 인문 구조, 그 틈과 바깥』, 산지니, pp.51-58 참조.

38 Pierre Bourdieu, *The Logic of Practice*, 1980, trans. Richard Nice, Stanford: Stanford University Press, 1990, pp.54-79.

39 Pierre Bourdieu, "Marginalia: Some Additional Notes on the Gift," *The Logic of the Gift*, ed. Alan D. Schrift, New York: Routledge, 1997, pp.231-241; "The Economy of Symbolic Goods," *Practical Reason: On the Theory of Action*, Stanford: Stanford University Press, 1998, pp.92-123.

40 Jacques Derrida, *Given Time: I. Counterfeit Money*, trans. Peggy Kamuf, Chicago: University of Chicago Press, 1992, pp.24-41.

41 Jacques Derrida, *Given Time*, pp.28-31.

42 Jacques Derrida, *Given Time*, p.27.

43 Jacques Derrida, *Specters of Marx: The State of the Debt, the Work of Mourning and the New International*, trans. Peggy Kamuf, New York: Routledge, 1994, p.10.

44 Jacques Derrida, *Of Hospitality: Anne Dufourmantelle Invites Jacques Derrida to Respond*, trans. Rachel Bowlby, Stanford: Stanford University Press, 2000.

45 Adam Smith, *The Theory of Moral Sentiment*, ed. Knud Haakonssen, Cambridge: Cambridge University Press, 2002, p.11.

46 Samuel P. Onliner & Pearl M. Onliner, *The Altruistic Personality: Rescuers of Jews in Nazi Europe*, New York: Free Press, 1988.

47 Robert M. Titmuss, *The Gift Relationship: From Human Blood to Social Policy*, London: Allen and Unwin, 1970.

48 피터 싱어,『효율적 이타주의자』, 이재경 역, 21세기북스, 2016.

49 Martin Luther King Jr.와 Titmuss의 용어. Niall Scott & Jonathan Seglow, *Altruism. Concepts in the Social Sciences*, Berkshire: Open University Press, 2007, p.106.

50 Karl Polanyi, *The Great Transformation: The Political and Economic Origins of Our Time*, 1944, Foreword by Joseph E. Stiglitz, Introduction by Fred Block, Boston: Beacon Press, 2001.

51 Karl Polanyi, *The Great Transformation*, p.3.

52 Karl Polanyi, *The Great Transformation*, pp.48–49.

53 Karl Polanyi, *The Great Transformation*, pp.49, 60.

54 Fred Block, Introduction, *The Great Transformation*, p.xxiv.

55 Fred Block, Introduction, *The Great Transformation*, p.xxv.

56 Karl Polanyi, *The Great Transformation*, pp.45–46.

57 Karl Polanyi, *The Great Transformation*, pp.46, 51–52, 62–63.

58 Karl Polanyi, *The Great Transformation*, pp.45, 60, 74–75; Joseph E. Stiglitz, Foreword, *The Great Transformation*, p.xvi.

59 Karl Polanyi, *The Great Transformation*, p.48.

60 Karl Polanyi, *Primitive, Archaic and Modern Economies*, ed. George Dalton, Garden City: Doubleday, 1968, p.200.

61 Karl Polanyi, *The Great Transformation*, pp.60, 266.

62 Karl Polanyi, *The Great Transformation*, p.255.

63 Annette B. Weiner, *Inalienable Possessions*, pp.x, 10.

64 Annette B. Weiner, *Inalienable Possessions*, p.4, 특히 4장(pp.98–130).

65 Annette B. Weiner, *Inalienable Possessions*, pp.xi, 7, 11, 17–19.

66 Annette B. Weiner, *Inalienable Possessions*, pp.30, 34–35.

67 Donna J. Haraway, "A Cyborg Manifesto: Science, Technology, and

Socialist-Feminism in the Late Twentieth Century," *Simians, Cyborgs, and Women: The Reinvention of Nature*, New York: Routledge, 1991, pp.149–181.

68 Bill Brown, "Thing Theory," *Critical Inquiry*, 28.1 (Autumn, 2001), pp.1–22.

69 Arjun Appadurai, "Introduction: Commodities and the Politics of Value," *The Social Life of Things: Commodities in Cultural Perspective*, ed. Appadurai, Cambridge: Cambridge University Press, 1986, pp.3–63, 특히 p.5.

70 Marshall McLuhan, *Understanding Media: The Extensions of Man*, 1964, Cambridge: MIT Press, 1994, p.31.

71 Joseph E. Stiglitz, Foreword, *The Great Transformation*, p.xi.

더 읽을거리

- 마르셀 모스의 「선물론」: Marcel Mauss, "Essai sur le don: Forme et raison de l'échange dans les sociétés archaïques," *L'Année sociologique: 1923-1924*, 1925.

  http://gallica.bnf.fr/ark:/12148/bpt6k93922b/f36.table

  http://www.congoforum.be/upldocs/essai_sur_le_don.pdf

- 모스의 「선물론」의 번역본: 마르셀 모스, 『증여론』, 이상률 역, 류정아 해제, 한길사, 2002; *The Gift: The Form and Reason for Exchange in Archaic Societies*, trans. W. D. Halls, London: Routledge, 2002(Mary Douglas의 서문); *The Gift: Forms and Functions of Exchange in Archaic Societies*, trans. Ian Cunnison, London: Cohen & West, 1966(E. E. Evans-Pritchard의 서문).

- 모스의 전기: Marcel Fournier, *Marcel Mauss: A Biography*, trans. Jane Marie Todd, Princeton: Princeton University Press, 2015.

- 브로니슬라프 말리노프스키: 브로니슬라프 말리노프스키, 『서태평양의 항해자들』, 최협 역, 전남대학교출판부, 2013; 김용환, 『말리노프스키의 문화인류학』, 살림, 2004.

- 에밀 뒤르켐: 에밀 뒤르켐, 『에밀 뒤르켐의 자살론』, 황보종우 역, 청아, 2008.

- 클로드 레비스트로스: C. 레비-스트로스, 『슬픈 열대』, 박옥줄 역, 한길사, 1998.

- 지그문트 프로이트: 지그문트 프로이트, 『꿈의 해석』, 김인순 역, 열린책들, 2004; 『문명 속의 불만』, 김석희 역, 열린책들, 2004.

- 르네 지라르: 르네 지라르, 『폭력과 성스러움』, 김진식·박무호 공역, 민음사, 2000; 『희생양』, 김진식 역, 민음사, 2007.

- 발터 벤야민: 발터 벤야민, 『기술복제시대의 예술작품/사진의 작은 역사 외』, 최성만 역, 길, 2007.

- 피에르 부르디외: 피에르 부르디외·로익 바캉, 『성찰적 사회학으로의 초대』, 이상길 역, 그린비, 2015.

- 자크 데리다: 니콜러스 로일, 『자크 데리다의 유령들』, 오문석 역, 앨피, 2007; 조규형, 『해체론』, 살림, 2008.

- 이기주의, 이타주의: 애덤 스미스, 『도덕감정론』, 김광수 역, 한길사, 2016; 피터 싱어, 『효율적 이타주의자』, 이재경 역, 21세기북스, 2016.

- 칼 폴라니: 칼 폴라니, 『거대한 전환: 우리 시대의 정치·경제적 기원』, 홍기빈 역, 길, 2009; 『칼 폴라니, 새로운 문명을 말하다』, 홍기빈 역, 착한책가게, 2015.

- 마셜 매클루언: 마셜 매클루언, 『미디어의 이해』, 박정규 역, 커뮤니케이션북스, 1999; 『구텐베르크 은하계』, 임상원 역, 커뮤니케이션북스, 2005.

- 미시사: 카를로 진즈부르그, 『치즈와 구더기: 16세기 한 방앗간 주인의

우주관』, 김정하·유제분 역, 문학과지성사, 2001; 로버트 단턴, 『고양이 대학살: 프랑스 문화사 속의 다른 이야기들』, 조한욱 역, 문학과지성사, 1996.

- 기타: 모리스 고들리에, 『증여의 수수께끼』, 오창현 역, 문학동네, 2011; 마이클 샌델, 『돈으로 살 수 없는 것들: 무엇이 가치를 결정하는가』, 안기순 역, 와이즈베리, 2012.

선물
한 일상 행위의 인문학적 이해